ALIBABA

阿里巴巴人力资源管理

陈　伟◎编著

古吴轩出版社
中国·苏州

图书在版编目（CIP）数据

阿里巴巴人力资源管理 / 陈伟编著． — 苏州：古吴轩出版社，2017.8（2019.9重印）
ISBN 978-7-5546-0953-8

Ⅰ．①阿… Ⅱ．①陈… Ⅲ．①电子商务－商业企业管理－人力资源管理－经验－中国 Ⅳ．①F724.6

中国版本图书馆CIP数据核字（2017）第144367号

策　　划：花　火
责任编辑：蒋丽华
见习编辑：顾　熙
装帧设计：润和佳艺

书　　名：**阿里巴巴人力资源管理**
编 著 者：陈　伟
出版发行：古吴轩出版社
地址：苏州市十梓街458号　　邮编：215006
Http：//www.guwuxuancbs.com　　E-mail：gwxcbs@126.com
电话：0512-65233679　　传真：0512-65220750
出 版 人：钱经纬
印　　刷：天宇万达印刷有限公司
开　　本：670×950　1/16
印　　张：16
版　　次：2017年8月第1版
印　　次：2019年9月第3次印刷
书　　号：ISBN 978-7-5546-0953-8
定　　价：45.00元

前言
PREFACE

不让"做102年的企业"沦为口号

由中国企业联合会、中国企业家协会主办的2016中国企业500强榜单发布暨中国大企业高峰会在湖南长沙举行，阿里巴巴入围"2016中国企业500强"，排名第148位。这家中国互联网领军企业自1999年创立至今，已经走过了整整18载。

阿里巴巴集团创始人马云提出了要做102年企业的远大的目标。他指出，阿里巴巴1999年成立，20世纪有一年的经历，现在是21世纪，当阿里巴巴迎来102岁生日时，恰好到了22世纪的开头，阿里巴巴将成为中国少数横跨三个世纪的公司之一。

每位企业家都有百年老店的梦想。能活到百岁的人很少，能存续百年的大公司更少。唯有建设好人才梯队，让一代代管理者与员工把公司的业务与文化价值观不断传承下去，才能让企业生生不息，实现薪火相传。从这个意义上说，人力资源管理在阿里巴巴的“102年”大计中扮演着至关重要的角色。

与国内外众多知名企业相比，阿里巴巴的企业文化显得特立独行（以笑脸文化、武侠文化、倒立文化为主要特色），其组织管理体系也自成一体，人力资源管理方面也不例外。

制订战略规划时，阿里巴巴就确立了“做商场名将摇篮”的目标，向整个行业输出自己的文化DNA。

阿里巴巴高层在设计人力资源管理制度时，非常注意紧扣自己的企业文化。作为一个国际化的互联网企业，阿里巴巴有着来自不同文化背景的员工，特别是在收购雅虎中国等企业后，其他公司比较成熟的企业文化让阿里巴巴的情况变得更为复杂。为了构建统一的价值观，阿里巴巴高层可谓绞尽脑汁，从新员工培训到工作环境等各方面，都致力于推广自己的价值观与基本原则。通过这种方式把不同来源的多样化人才群体整合成为具有共同目标、思想、价值观的“阿里人”。

在微观层次的制度政策上，阿里巴巴也力求让组织获得最匹配的人才。

在招募人才方面，阿里巴巴信奉“找最优秀的人不如找最合适的人”的理念，而且不从竞争对手那里挖墙脚，鼓励管理者从公司内部寻找超过自己的人。招募到“最合适的人”后，阿里巴巴会从多方面锻炼新员工，使其成长为“最优秀的人”。

阿里巴巴用人不拘一格，只求与岗位需求相符合，并坚持用明星团队代替个人英雄。其绩效考核机制不光看重业绩，还强调价值观。能力再突出的人，如果不认同公司的价值观，同样会被淘汰。公司一直教育员工要把自己看作不平凡事业的平凡人，在避免员工产生骄傲自大情绪的同时，激励他们向着共同的目标努力。

阿里巴巴提倡快乐工作，争当世界最佳雇主，通过各种物质与精神方面的激励措施来提高员工的幸福感，让他们更好地发挥自己的才能。为了提高员工对公司的认同感，阿里巴巴施行人性化管理策略，在困难时期依然把资源优先分配给劳苦功高的基层员工，保障他们的安全感，催生他们的归属感。

阿里巴巴对干部的综合能力要求很高，干部不仅要兼具眼光、胸怀、实力，还要不居功自傲，善于跟团队中特点各异的员工沟通交流，不让每一位团队成员掉队。干部培养是阿里巴巴人力资源管理的工作重点，公司采取轮岗制度，以图把干部锻炼成通才，还要求各级管理者都要“一对一”地培养自己的接班人，以防自己调离原岗位时后继无人。

每个公司都存在员工流动现象。适度的人才流动有助于增强公司的活力，但如果留不住人才，公司就会走向衰落。阿里巴巴在收购雅虎中国等企业时，也全盘接收了这些公司的人力资源。为了稳定军心、留住人才，阿里巴巴采取了四项留人方针，成功将这股庞大的人才资源整合进来。这令阿里巴巴的抗风险能力大大提升。

从1999年创立至今，阿里巴巴的人才观念与人力资源管理体系一直在变化。不断与时俱进、改革自己，也正是阿里巴巴最大的魅力所在。

目录

CONTENTS

理念篇 阿里巴巴人力资源建设思想

第一章 企业文化：价值观能带来一辈子成就感 003

公司需要统一的价值观 004

做决策时不能与公司价值观相抵触 007

让全体员工都熟知阿里巴巴的企业使命 010

阿里巴巴的九条精神与六大核心理念 013

阿里链接：笑脸文化、武侠文化、倒立文化 016

拓展阅读：阿里巴巴员工的价值观行为准则评分标准 019

第二章 战略规划：把自己的人才发展定位看清楚 023

人力资源战略规划常识 024

“带出去”战略，立志做商场名将的摇篮 029

整合被收购企业的人力资源 032

阿里链接：“四项基本原则”与三大愿景目标 035

拓展阅读：人要学会投资在自己的头脑和眼光上 041

第三章　人才招募：最好的人才不如最合适的人才　045

招最优秀的不如招最合适的　046

不从对家挖墙脚　050

在公司内部寻找超过自己的人　053

做好招聘工作的四个环节　056

阿里链接：只招有共同价值观的员工　060

拓展阅读：人力资源管理者的基本素养　063

第四章　新手培训：促进普通员工迅速成长　067

做好员工培训需求分析　068

不同类型员工的培训策略　073

阿里巴巴新人培训三阶段　077

抓好员工的企业文化教育　080

阿里链接：普通人是可以成长的　083

拓展阅读：华为的“全员导师制”　086

基层篇　阿里巴巴的一线员工管理体系

第五章　用贤标准：把特点各异的人组合成梦之队　091

只要岗位匹配，用人可以不拘一格　092

用明星团队代替个人英雄　095

独树一帜的阿里巴巴“政委体系”　098

阿里链接：杀掉“野狗”，淘汰“小白兔”　101

拓展阅读：以奋斗者为本的《华为基本法》　104

第六章　激励措施：激励不到位是管理者的耻辱　107
告诉员工：我们在做不平凡的事　108
“中供铁军”：树立“阿里味儿”最浓的榜样示范　112
以股权激励赢得人心　115
阿里链接：不造首富，带动群富　119
拓展阅读：让“职场”变成“情场”　122

第七章　绩效考核：价值观与业绩要综合考察　127
绩效考核的意义与法则　128
价值观和业绩各占50%的考核标准　132
马云倡导的“271”考绩原则　136
几个应该避免的绩效考核误区　139
阿里链接：有一次返聘机会的末位淘汰制　143
拓展阅读：华为的末位淘汰制　146

第八章　关系管理：踏踏实实地保障员工的归属感　149
尊重下属，提高他们对组织的认同感　150
能者多富，让好员工过上好日子　153
人性化管理，关心员工的日常生活　156
阿里链接：企业靠员工成长，力争做世界最佳雇主　159
拓展阅读：沃尔玛——员工就是合伙人　163

高层篇 阿里巴巴的干部管理机制

第九章 干部培养：领导者也要时常回炉深造 169

领导力：眼光、胸怀、实力缺一不可 170

整顿队伍，革除元老级"障碍" 173

轮岗制：培养通才型领导者 176

各级接班人要"一带一"地培养 179

阿里链接：不同时期需要不同领导者 181

拓展阅读：IBM长板凳计划与全球选聘CEO 186

第十章 沟通机制：交流是最有效的感情投资 189

用欣赏的眼光看其他同伴 190

外行可以领导内行，但前提是尊重 193

避开"鸡同鸭讲"的沟通误区 196

阿里链接：用沟通与胸怀消解"文化冲突" 199

拓展阅读：正式沟通与非正式沟通 204

第十一章 带领队伍：打造别人挖不走的团队 207

把功劳归于全团队的阿里巴巴组织文化 208

尊重团队成员的性格差异 211

发扬互助精神，不让团队中任何一个人掉队 214

阿里链接：优势互补的唐僧团队 217

拓展阅读：是你的团队能干 220

第十二章　挽留人才：用广阔的舞台留住优秀者的心　223

减少离职带来的负面影响　224

合理控制员工流动率　227

人才梯队建设的关键点　230

阿里链接：双轨道升职路线　233

拓展阅读：要有持久的心态　236

附　录　“阿里巴巴上门服务”学生实习标准手册

理念篇

阿里巴巴人力资源建设思想

任何管理制度都是在一定指导思想下产生的。
制定什么样的人才战略、制订什么样的人力资源管理规划、招募什么类型的人才、新人培训的主要内容有哪些，不同企业会采用不同的管理制度。
但无论哪个企业，其人力资源管理体系都带有浓厚的企业文化色彩。

阿里巴巴作为互联网行业的巨头之一，有着个性鲜明的企业文化，并在此基础上发展出与众不同的人力资源建设思想。
通过在公司内部树立统一的价值观，阿里巴巴在人才战略、人才招聘、员工培训等方面都摸索出了自己的套路。

第一章

企业文化：价值观能带来一辈子成就感

企业文化指的是公司上下共同遵守的价值观念，其中包含了大量行事准则。对于企业来说，企业文化就像一面旗帜，旗帜指向哪个方向，全体员工就往哪里前进。任何以长久存续为目标的公司，都会打造属于自己的企业文化，否则当公司遇到困难时，就毫无凝聚力可言。

从表面上看，做人力资源管理是纯粹的技术活，实在的管理工具比看不见、摸不着的企业文化更加可靠。实际上这种观点是片面的，因为一个公司的人力资源管理体系是其企业文化价值观的具体延伸，换句话说就是用什么样的旗帜去凝聚什么样的人才。

阿里巴巴作为中国综合实力排名前三的互联网巨头，有着独特的文化价值观。任何与企业文化价值观相抵触的人和事，都会被阿里巴巴决策层淘汰。因此，想要了解阿里巴巴人力资源管理体系，首先要弄清其企业文化价值观。

公司需要统一的价值观

《克雷洛夫寓言》中收录了这样一个小故事：天鹅、虾子和梭鱼捡到了一辆车，它们想把车子拉回去。结果虾子用力往左拉，梭鱼用力往右拉，天鹅用力往上拉。尽管大家都非常卖力，但车子就是纹丝不动。假如他们朝同一个方向使劲，早就把车子拉走了。

经营企业也是一样，公司上下需要按照同一个方向进行分工合作，各行其是只会让作用力相互抵消，寸步难行。对于这个道理，阿里巴巴集团高层都体会颇深。

阿里巴巴从最初18人的小公司发展至今天的“全球最大的零售交易平台”，中途经历了无数波折。有许多老员工先后离开了阿里巴巴，但是，当初跟随马云创业的“十八罗汉”不仅留下来了，还成为集团及各子公司重要岗位的高层管理者，有的人还进入了阿里巴巴合伙人名单。

毫不夸张地说，如果没有稳定的核心团队，这家互联网企业恐怕难以熬过2008年金融海啸以及其他的危机，并保持良好的发展势头。在马云看来，这主要归功于阿里巴巴统一的价值观。

马云曾经在一次内部讲话中感叹道：“我到纽约参加世界经济论坛，世界500强的CEO谈得最多的就是使命和价值观。中国的企业家很少谈使命和价值观，如果你谈他们会认为你太虚了，不跟你谈。今天，中国的企业缺的正是使命和价值观，所以我们的企业只会变老，不会变大……企业要有统一的价值观。我们的员工来自11个国家和地区，有着不同的文化，是价值观让我们团结在一起，奋斗到明天。”

阿里巴巴是一家高度全球化的跨国集团，其管理最复杂的部分就是整合来自不同国家和地区的人才资源。

生活在同一文化背景中的人尚且存在矛盾，文化背景差异明显的人更容易因沟通不畅而发生冲突。如果使用一刀切的管理手段，会激化矛盾；如果放任自流，各个员工群体就会猫在自己的小圈子里搞“山头主义”，像寓言里的天鹅、虾子、梭鱼一样没法齐心协力。

为此，阿里巴巴在尊重多元文化的前提下，致力于用统一的价值观来整合不同背景的员工。

当然，阿里巴巴的价值观建设并不是依赖做标语、喊口号，而是将其融入现代企业管理制度中。只靠激情、梦想、义气是不足以维持价值观的，这点在阿里巴巴创立之初就被“十八罗汉”领悟到了。阿里巴巴合伙人、集团副董事长蔡崇信对此贡献至伟。

当年蔡崇信抛弃高薪加入刚刚起步的阿里巴巴，为马云及其他合伙人带来了先进的现代企业管理理念，避免了阿里巴巴成为家族式企业，奠定了阿里巴巴国际化发展的根基，也使马云倡导的价值观真正得以落到实处。每当公司上下感到迷茫和困惑时，阿里巴巴就会搞“整风运动”，重新统一大家的认识。

2005年收购雅虎中国后，阿里巴巴的事业上了一个新的台阶。但马云对此忧心忡忡，担心公司上下因形势大好而失去冷静，于是发起了一轮“整风运动”。

马云说：“我们现在势头正猛，阿里巴巴B2B准备上市，淘宝、支付宝都不错，雅虎也恢复过来了，现在又有了阿里软件、阿里妈妈。但问题往往就出在这里，很小心的时候不会出问题，形势大好的时候最容易出问题。这个时候，我们的高管们一定要坐下来认真统一思想，再度明确我们要去哪里。假如我们的价值观不统一、目标不统一、使命感不统一，我们又会陷入2001年的局面。”

当时阿里巴巴各方面的业务都发展迅猛，一路高歌猛进，摊子铺得非常大。收购雅虎中国时，公司团队的平均年龄才26岁，面对媒体的热捧，难免有人飘飘然，低估今后发展中可能遇到的困难。而各部门的壮大使得整个集团的协调工作变得更复杂，如果不能把价值观、目标、使命感重新统一起来，阿里巴巴旗下各单位就有可能逐渐各行其是，产生不了合力。

从结果来看，“整风运动”把阿里巴巴内部盲目乐观的情绪一扫而空。全体员工意识到，现在的成功还不足以沾沾自喜，公司的竞争对手还很强大，必须冷静地判断局势，走好下一步。

这次整风运动让阿里巴巴老员工统一了对工作的认识，也让从雅虎中国进来的新员工接受了公司独特的企业文化价值观。新老员工价值观达成一致，标志着阿里巴巴真正融合了原先雅虎中国的战略资源。

做决策时不能与公司价值观相抵触

任何决策都存在利弊，有时得大于失，有时得不偿失。努力维持前一种情况，就是公司决策的意义。但在做决策时，决策者往往会犯这样或那样的错误，从而出现“昏招”，导致企业运营不良。其中一种常见的错误就是做出与公司价值观相抵触的决策。

公司价值观揭示了一个企业努力的方向，是公司各种战略规划、方针政策、组织架构以及人力资源管理制度的总源头。

例如，迪士尼的公司价值观是“为所有人创造欢乐和幸福”，其影视作品和迪士尼游乐园都在弘扬这个企业价值观。如果有一天迪士尼决定拍摄一部悲剧电影，就会在广大消费者中引起轩然大波。别的影视公司拍悲剧电影并不是什么大问题，但迪士尼一直以“为所有人创造欢乐和幸福”为企业使命，已经给全世界人民树立了快乐文化的品牌印象，如果亲手推翻这个形象定位，喜欢迪士尼的消费者将难以接受。

因此，马云指出：“领导者一定要为你的团队确立价值观，要和手下的人约法三章。很多小公司做到大公司以后，觉得今天公司大了，什么事都可以做了。希望大家记住，经营大企业，要有小企业的思维和大企业的眼界。任何大企业都是这样走出来的，谁也不是一下子就很强大的。”

阿里巴巴集团的使命是“让天下没有难做的生意”，无论是淘宝网，还是公司开发的其他软件，都立足于帮助客户（广大中小企业）把生意做得更简单、更容易。这就是阿里巴巴集团做决策时所依据的根本价值观。

不少企业在因缘际会中迅速壮大，壮大后就迷失了方向。他们最初有明确的企业使命与价值观，知道往哪个方向发展。当这些公司发展到一定程度时，又会觉得另一个行业更好赚钱，于是舍弃了原先的企业使命，投入自己不熟悉的新领域，此前的强项也被竞争对手趁机迎头赶上，很多公司因此走向衰落。最终，进也不是，退也不是，两头都落空。

阿里巴巴集团非常重视此类教训，一直在努力避免出现这样的情况。马云说：

“阿里巴巴所有的组织结构，包括设立这七家公司、建立阿里学院，都紧紧围绕着我们的使命和价值观，我们的任何政策都不能与它们相违背，凡是违背价值观、使命感的政策，我们一定要拿掉。正因为有这套价值观、使命感和文化，才诞生今天的阿里巴巴。”

这是阿里巴巴做决策的首要原则。不过，坚持做到这一点并不容易。公司价值观的形成需要一个过程，并非一开始就定型的。因此阿里巴巴在创业过程中一边摸索一边总结，让公司的战略和价值观一点一点变得清晰。

被员工尊称为“教授”的阿里巴巴集团学术委员会主席、湖畔大学教育长曾鸣指出：“一个公司战略开始模糊的表现，就是大家经常为一些问题吵架，但是吵到最后吵不清楚就不吵了，然后各自去干各自的了。吵不清楚的原因是背后一个根本性的问题没想明白，战略跟想法是不一样的。董事长很多时候是有想法，但是没有变成团队的战略的共识。”

可见阿里巴巴在发展初期价值观还是很模糊的，虽然有开拓电子商务的目标，但具体经营决策时并不确定哪些措施更符合公司追求的使命。

根据曾鸣的回忆，当年的淘宝网采取的是草根野蛮生长的粗放型管理模式，产品经理主导一切，公司根据业务状况自下而上地成长。大家靠着相同的愿景与大方向凝聚在一起，但不知道怎样做才是正确的。于是在争论之后，不同的团队都按自己的想法去尝试，通过不断地试错，最后发现战略成型期的大致方向是正确的，然后阿里巴巴就开始尝试控制这种各行其是，努力让各个团队达成战略共识。

所谓战略共识并不只是马云一个人的想法，而是所有团队共同的认识。有人支持也有人反对的只是意见，离共识还差得远。

树立真正意义上的战略共识，少不了要经过一番耐心地说服，求同存异，共析疑义。通过混乱的尝试后找出那个代表最大公约数的战略共识，也恰恰是公司文化价值观最终走向成熟的过程。当公司价值观定型后，任何违背价值观的决策，都会动摇公司的发展方向与基本运营。为此，管理层应当注意不要做出与公司价值观相互冲突的决策。这会让员工无所适从，从而导致公司规章制度变得难以执行。

作为中国互联网行业三巨头之一的阿里巴巴集团在发展过程中遭遇过许多波折，也不是没有出现过决策失误的情况。马云等人总是说阿里巴巴是因为运气好才达到今天这番成就的，其实运气只是一个方面。最主要的是阿里巴巴高层在做出欠妥的决策后，总是能及时沿着企业使命的方向回归正轨。成为大家迷茫时的指路明灯就是公司价值观最重要的存在意义。

让全体员工都熟知阿里巴巴的企业使命

赚钱是所有企业的经营目的，但并不是所有企业的总目标。因为各行各业的公司盈利模式大相径庭，如果一切只是向钱看而不顾经营手段，就会像猴子摘苞米一样不断瞎折腾，什么事业都做不起来。所以，头脑清醒的公司首先会找准自己的发展方向，沿着相对明确的方针路线来经营事业，做到更高效、更稳定地赚钱。这个发展方向也可以被称为“企业使命”。

企业使命是一家公司发展的总目标，好比是位置恒定的北极星。由企业使命衍生出来的与时俱进的发展方针好比围着北极星转的北斗星。北极星和北斗星是古代航海家辨别方向的依据。那么，企业使命对公司管理者及全体员工的意义也正是如此。

世界500强的大企业，哪怕是奉行业务多元化战略的公司，都有一个简明的企业使命。

马云曾经说过：“GE（通用电气）最早是做电灯泡的，他们的使命是让全天下亮起来，这使得GE在今天成为全球最大的多元化服务性公司。迪士尼的使命是让全天下的人开心起来，这样的使命使得迪士尼拍的电影都是喜剧片。阿里巴巴的使命是让天下没有难做的生意，我们开发的所有软件，都要让我们的客户把生意做得更简单、更容易。”

从这段话可以看出，企业使命不同于业绩指标，主要解决的是定性问题而不是定量问题。企业使命不负责解答“怎么走”，只告诉大家“往哪儿走”。如果把它搞得复杂烦琐，反而会让公司搞不清该朝哪个方向发力。

“让天下没有难做的生意”这句话看似笼统却又简单明了。阿里巴巴成立之初就是以服务中小企业为立足点。马云当时预判互联网行业大有可为，但他与其他创业者的思路不同。其他人主张把大企业、大客户当成电子商务的主要服务对象，马云却认为用电子商务帮助广大中小企业发展才是未来的发展趋势。

如今，阿里巴巴集团旗下拥有多家子公司，涉及了淘宝网、天猫、聚划算、全球速卖通、阿里巴巴国际交易市场、1688、阿里妈妈、阿里云、蚂蚁金服、菜鸟网络等多项业务，构建起了一个庞大的互联网商业生态系统。但无论组织结构与公司规模如何变化，阿里巴巴的业务依然是围绕着为广大中小企业创造更好的电子商务服务这个出发点展开的。

如今电子商务的扩张速度可谓一日千里，在2015年的“双十一购物狂欢节”中，淘宝商城的交易额突破912亿大关，而在2014年的同一天，阿里平台的总成交额也只有571亿。由此可见，以中小企业为主体的电子商务发展有多快。至今，阿里巴巴“让天下没有难做的生意”的企业使命依然被很好地贯彻着。

企业使命原本是公司上下应当遵守的共同纲领，但并不是每个人都会认可其公司的企业使命。这是很正常的现象，但这也会对公司的壮大造成阻碍。企业使命不明确、不统一的公司处于顺境时还能保持稳定发展，一旦遭遇逆境或面对新形势时，就会变得人心惶惶、不知所措，最终因意见分歧而走向四分五裂。对于这点，阿里巴巴高层一直保持着警惕。

马云说："在2000年我们为阿里巴巴的所有员工确立了共同的使命、共同的价值观、共同体的目标。新员工要经过学习，才能正式加入阿里巴巴。使命、价值观、目标是任何一家企业、任何一个机构都必须有的东西，如果没有这三样东西，就走不长、走不远、长不大。可能90%的企业家不认同我的观点，但我见过的所有世界500强的企业都在讲价值观和使命。"

不重视企业使命的公司往往会缺少一股凝聚力。员工没有共同的目标，只是被动地按照考核要求在运作。新老交替时，优秀老员工的经验无法有效传承，新员工也各行其是。

为此，阿里巴巴始终要求全体员工熟记企业的使命，老员工还要发挥"传帮带"作用，把公司的使命与价值观传授给新员工。

这个做法是为了保持价值观的统一，让各式各样的人才向着同一个总目标来努力。毫不夸张地说，正因为阿里巴巴的全体员工能坚持共同的企业使命，遵循共同的企业文化价值观，才能让阿里巴巴在迅速扩大规模的同时保持着高度的凝聚力，而没有变得松松垮垮。

人力资源管理最终是为企业使命服务的，假如员工对企业使命缺乏足够的认同感，那么他们很难有激情去充分发挥自己的聪明才智。所以，想要做好人力资源管理，应该先从明确和熟记企业使命开始。否则，就只是在照搬宣科、照猫画虎。

阿里巴巴的九条精神与六大核心理念

每一个大公司都是由小公司起步的，阿里巴巴也不例外。

管理小公司与管理大公司有很大差异。小公司主要考虑的是生存问题，能存活下来就是胜利，在经济基础不牢固的时候还无法构建起相对完善的企业文化体系。大公司则不然，各项制度已经基本成熟，业务也在稳定增长，这就需要更高层次的精神文化来指导规模逐渐变大的队伍。否则人一多心就散了，大部队拧不成一股绳，效率还不如价值观高度一致的小分队。所以，当企业发展到一定阶段时，企业文化建设将会成为其突破瓶颈的一个关键。

毋庸置疑，阿里巴巴的企业文化并不是一开始就成熟的，而在实践过程中不断总结而成。

2001年，时任阿里巴巴电子商务网站总裁兼首席营运官的关明生有一天问马云："阿里巴巴有没有价值观？"马云说有，但没有写下来。在关明生的建议下，阿里巴巴团队总结出了团队精神、教学相长、质量、简易、激情、开放、创新、专注、服务与尊重九条价值观。从此以后，阿里巴巴非常重视价值观建设。

阿里巴巴人力资源副总裁卢洋（淘宝花名是“鹰王”）指出：“阿里的文化和价值观不是设计出来的，是随着公司的发展慢慢‘长’出来的，当它拥有自己味道的时候，再把‘有意思的地方’因势利导，进而做成体系结构。所以，有一些公司到阿里来学习的时候，看到阿里现在的文化，好像从整个体系上都在支撑着整个文化土壤的发展，当他去用这套体系硬往里套的时候，其实往往找不到自己这家公司的DNA到底是什么。”

卢洋认为阿里巴巴的企业文化经过了三个阶段：校园文化阶段——铁军文化阶段——互联网文化阶段。三个时期的阿里巴巴文化差别很大，大家最熟悉的其实是最后一个阶段。不过，有一些核心的东西无论变成什么形式，内在都保持稳定。最有代表性的是阿里巴巴高层总结的九条精神以及由此演化而来的六大核心理念（公司内部称为“六脉神剑”）。

九条精神出自阿里巴巴董事长马云的一次内部讲话。马云在讲话中说：

“我们总结了九条精神，是这九条精神让我和他（指关明生）在一起奋斗了四年。我们告诉所有的员工，要坚持这九条：第一条就是团队精神，第二条是教学相长，然后是质量、简易、激情、开放、创新、专注、服务与尊重。这九个价值观是阿里巴巴最值钱的东西。”

光是口号的话，谁都会喊，还能喊出很多吸引眼球的花样。但阿里巴巴的九条精神并不只是嘴上说说，而是正式写入了公司的规则制度中。

在这九项内容中，团队精神、教学相长、质量、简易、激情、开放、创新、专注等已经被细化为阿里巴巴的价值观行为准则考核体系。“服务与尊重”精神则演变为后来的“客户第一”精神。

随着时间的推移，阿里巴巴集团在不断变化中总结其价值的精华，最终形成了现在的六大核心理念：客户第一、团队合作、拥抱变化、诚信、激情、敬业。

“客户第一”即尊重客户，一切围绕客户需求出发。“团队合作”，我们后面会重点讨论。“拥抱变化”即开放精神与创新精神的结合，把积极求变视为赢得未来机遇的主要手段，以免被不断升级更新的互联网行业淘汰。诚信、激情、敬业是每个企业的共同要求，但阿里巴巴对此要求十分严苛。

以“诚信”为例，2016年中秋节，阿里巴巴集团安全部四位员工和阿里云安全团队的一位员工在秒杀月饼的内部活动中，通过编写脚本代码的方式抢到了133盒月饼。此事被发现后，时任首席风险官刘振飞与阿里云总裁胡晓明找这五位员工进行谈话，马云则亲自批示劝退这五名员工。这便是在互联网上引起一时热议的阿里月饼事件。

员工在一次不影响客户的内部活动中搞点小聪明就直接被劝退，这个处罚不可谓不严厉。有人认为阿里巴巴是小题大做，不人性化。但阿里巴巴高层认为，贯彻“诚信”的核心理念不能含糊。

首席人才官蒋芳在公开信中指出：“很多人问为什么我们处理得这么重？因为阿里是一家把权力真正下放到每个普通小二手里的公司，下放权力的基础就是组织和员工之间的本能的信任。只有一个建立在信任基础上的团队才能走得长远，打得起硬仗。”这次充满争议的突发事件，从侧面反映出阿里巴巴对六大核心理念的执行力度。由此可见，这家中国互联网界名列三甲的集团并没把企业文化价值观建设当成表面文章，而是真正将其融入规章制度与全体员工的一言一行。

从九条精神到六大核心理念，阿里巴巴一直在不断调整自己（拥抱变化），也一直在执着地坚持自我之路。如果没有这些指导思想，阿里巴巴的人力资源管理体系也许会和很多知名企业一样走向僵化，患上“大企业病”。

阿里链接：笑脸文化、武侠文化、倒立文化

阿里巴巴集团不同于传统的大公司，企业文化带有浓厚的互联网色彩。集团旗下的各子公司虽然在业务上差别极大，但都遵循着阿里巴巴三种别具一格的企业文化——笑脸文化、武侠文化、倒立文化。

笑脸文化即让全体员工带着笑容去工作。为了贯彻笑脸文化，阿里巴巴甚至把自己的Logo设计成一张笑脸。这种企业文化的诞生是为了让公司上下更好地适应互联网时代。

现代社会生活压力大，瞬息万变的互联网行业更是如此。这个行业无论是产品研发还是营销推广都需要创意，构思创意必定会增加员工的用脑量，使员工长期处于高度紧张的忙碌状态。但是创意这种东西，并不是冥思苦想就一定能得到的，一味紧张与一味松懈都无济于事，张弛有度才能让员工保持舒畅的心态，充分发挥出他们的聪明才智。阿里巴巴讲究以结果为导向，这是“张”，宣扬笑脸文化就是“驰”。

阿里巴巴认为，工作不快乐如同浪费生命。因为，当员工因压力过大而苦不堪言时，工作效率必定会下降。到头来，公司业绩也跟着受影响。

所以，公司致力于打造外松内紧的环境，在确保有好结果的前提下，主动为自己的员工减轻压力。具体而言就是，让业务变得更有趣味性与想象力，让公司更像一个大家庭，尽量满足员工实现自我价值的愿望，并且让他们在生活中也过得更愉快。

中国人少有不喜欢武侠文化的，但将武侠文化堂而皇之在公司推广的企业领导者少之又少，阿里巴巴在这方面可谓特立独行。

当初做淘宝网站时，创始员工柴栋选择韦小宝做自己的淘宝花名。其他员工见状也纷纷以金庸的武侠小说角色做昵称，还把公司各处都安上了桃花岛、黑木崖之类的武侠地名。于是以淘宝为起点，武侠文化在整个阿里巴巴集团蔓延开来。

在阿里巴巴内部，核心技术研究项目组被叫作“达摩院”，集团总部的一个办公室叫“光明顶”，还有一个叫“侠客岛”。于是公司开会也被戏称为“聚首光明顶”。阿里巴巴高层也有各自的花名，比如马云的花名是风清扬，陆兆禧的花名是铁木真，邵晓峰的花名是郭靖。淘宝开年庆活动时，阿里巴巴员工称其为“武林大会”，公司还会打乱平时的隶属关系，让员工按自己的花名加入各帮派，争夺“天下第一帮”的头衔。

这些富有互联网特色的做法，让武侠文化深深地烙在了每一位阿里巴巴员工的心里，促进了公司内部的交流互动，也为笑脸文化的落实提供了良好的细节支持。

而倒立文化更让人感到不可思议。淘宝检验阿里新人是否合格有个特殊的标准。那就是让新员工在为期一周的培训中学会倒立，这也是培训考核的一项内容。假如新员工没学会，就再培训一个星期。从2004年开始，淘宝每年都举办一次倒立比赛。这个奇怪的习俗其实包含了三层含义：

第一，倒立是一种简单的锻炼身体方式，有助于保持健康的工作状态。

第二，其他人帮助不会倒立的人学会倒立，是一个培养团队合作精神的过程。

第三，倒立可以让人们改变视角看世界，当人们有了不一样的感受时，思路往往会被打开，产生新创意。

倒立文化表面上是一个突发奇想的仪式，实则是通过个性化的活动来开阔员工的视野，增强他们的毅力，激发他们的创新思维。通过这种形式，阿里巴巴员工在挑战过程中克服了心理障碍，体验到了挑战自我的成就感。如此一来，员工对公司的向心力也就更强了。

笑脸文化、武侠文化、倒立文化是阿里巴巴企业文化中的三大重要组成部分，它们与公司的九条精神、六大核心价值理念相互补充，共同构成了阿里巴巴文化价值观体系。这些无形资产对阿里巴巴人力资源管理体系的建设起着重要的指导作用。毫不夸张地说，如果没有这三种富有个性的公司文化，阿里巴巴的员工管理很可能与绝大部分企业一样缺乏特色。

拓展阅读：阿里巴巴员工的价值观行为准则评分标准

1. Customer First（客户第一）

1分：尊重他人，随时随地维护阿里巴巴形象

2分：微笑面对投诉和受到的委屈，积极主动地在工作中为客户解决问题

3分：与客户交流的过程中，即使不是自己的责任，也不推诿

4分：站在客户的立场思考问题，最终使客户满意

5分：具有超前服务意识，防患于未然

2. Teamwork（团队合作）

1分：积极融入团队并乐于接受同事的帮助，配合团队完成工作

2分：主动给予同事必要的帮助；碰到困难时，善于利用团队的力量解决问题

3分：决策前积极发表个人意见，充分参与团队讨论；决策后，个人无论是否有异议，必须从行动上完全予以支持

4分：能够客观认识同事的优缺点，并在工作中充分体现“对事不对人”的原则

5分：能够以积极正面的心态去影响团队，并改善团队表现和氛围

3．Teach&Learn（教学相长）

1分：掌握与本职工作有关的业务知识和技能

2分：能够虚心请教，不断充实业务知识，提高业务技能

3分：在团队中积极主动地与同事分享业务知识，交流工作经验

4分：担任公司范围内的内部讲师，并获得学员一致好评

5分：代表公司担任业界授课讲师，并获得学员一致好评

4．Quality（质量）

1分：没有因工作失职而造成的重复错误

2分：始终保持认真负责的工作态度

3分：帮助客户解决疑难问题并获得客户的积极认可

4分：用较小的投入获得较大的工作成果

5分：不断突破过去的最好表现

5．Simplicity（简单）

1分：诚实正直

2分：遵循必要的工作流程

3分：表达与工作有关的观点时，直言不讳

4分：做事情充分体现以结果为导向

5分：遵循但不拘泥于工作流程，化繁为简

6. Passion（激情）

1分：喜欢自己的工作，认同阿里巴巴企业文化

2分：热爱阿里巴巴，不计较个人得失

3分：面对日常工作持之以恒，并不断尝试提升业绩

4分：碰到困难和挫折的时候不退缩

5分：在困难和挫折中，不断寻求突破，并获得成功

7. Open（开放）

1分：能进行必要的工作交流

2分：通过正确的渠道和流程，准确表达自己的观点；表达批评意见的同时能提出相应建议

3分：在交流中能认真倾听别人的观点，即使是不同观点，也能抱着“有则改之，无则加勉”的态度虚心听取

4分：能积极吸取别人好的观点，并能够发表不同意见

5分：不但积极吸收，还积极与同事分享正确而且正面的观点

8. Innovation（创新）

1分：适应工作环境的变化，并付诸行动

2分：不断改善个人工作方式方法，使个人绩效得以持续提升

3分：乐于接受变化，并以积极正面的态度参与其中

4分：能提出与本职工作密切相关的建议，从而提升团队绩效

5分：创造变化，并带来公司业绩突破性的提高

9. Focus（专注）

1分：上班时间只做与工作有关的事情

2分：能按时按质完成本职工作

3分：能根据轻重缓急来正确安排工作优先顺序

4分：面对变化，能够坚持公司目标

5分：懂得必要的取舍，并获得成功

第二章

战略规划：把自己的人才发展定位看清楚

人力资源管理并不只是管理员工名册与工资条，而是兼顾了战术性与战略性，人事管理是人力资源管理的末端细节，战略规划才是根本。每一个公司都有自己的特殊性，发展目标各异，不能照搬其他公司的战略规划。公司只有明确自己的发展定位，才能根据发展目标的需要来选择合适的人才。如果连公司需要什么样的人才都搞不清楚，人力资源管理工作就会变得杂乱无章。

对于公司而言，人才战略规划是企业发展规划的一个重要组成部分。阿里巴巴高度重视人才问题，在制订人才战略规划时始终坚持自己的“四项基本原则”。阿里巴巴一方面鼓励公司内部培养的人才走出去，成为互联网产业中的商场名将；另一方面也在努力把集团并购企业的人力资源整合进来，向他们输入阿里巴巴的企业文化基因。

人力资源战略规划常识

曾鸣教授指出："企业之道，讲到最简单，就两个字'人'跟'事'，这是一个动态的匹配。战略也好，管理也好，就是在找动态的平衡。刚开始阿里并不能找到很好的人，但是事情做好了之后，你会吸引更好的人，更好的人来了你能做更大的事情。这个本身就是一个螺旋上升的过程。这也是为什么一个企业内部一定会有新旧矛盾。因为你不可能有一步的人才到位，人跟事是一个动态的平衡。"

说到底，企业运营无非是保持人、财、事的动态平衡。

公司接到客户订单后，组织各部门来设计和生产产品，再进行物流配送，完成一个销售流程。每个环节都需要经费和人手，假如人手不够，根本消化不了客户订单。如果要增加人手，就要招聘新员工。这意味着公司要先投入更多的人力资源成本，才能具备完成订单任务的能力。假如组织协调不力，成本上去了，工作却迟迟没有进展，公司最终可能会失去这个客户订单，就算勉强完成任务也是得不偿失。

人力资源管理的重要性，由此可见。包括阿里巴巴在内的所有知名企业以及正在爬坡阶段的创业公司，都不能不做好人力资源战略规划。

人力资源战略规划听起来很空，但解决的往往是一些很实际的问题。比如：公司需要多少名员工？公司如何解决人力资源不足问题？公司的员工应当具备哪些知识技能？怎样激励员工为公司目标而努力工作？当公司扩大经营规模时应该如何调整组织结构与人力配置？当公司收购其他公司时应该怎样用好其原有的人力资源？公司如何考核每一位员工的绩效并给予合理的薪酬待遇？公司运转困难时是靠裁员来减轻负担还是靠留人来共渡难关？

上述问题在企业管理所面临的现实问题中，也只是一部分而已。但是这些问题都可以通过清晰而合理的人力资源战略规划来解决。具体而言，人力资源战略规划有以下几项功能：

（1）确保企业组织在发展过程中能及时获得所需的人力资源。

（2）合理安排公司的组织结构调整、岗位设置、招聘、培训、升贬等工作。

（3）帮助公司把人工成本控制在一个可以承受的水平。

（4）调动全体员工及管理者的工作积极性（主要是激励保障措施）。

（5）减少公司人才的无谓流失，避免核心成员离职对公司业绩造成重大影响。

由此可见，再恢宏壮阔的企业使命，也离不开成熟的人力资源战略规划的支持。如果只是紧盯产品研发技术、资金运转、营销推广，而忽视最基础的人力资源管理，公司就可能在发展壮大的关键时刻遭遇缺兵少将的瓶颈，眼睁睁地看着竞争对手抢走绝佳的发展良机。

曾鸣说："不同的企业有差异化的战略布局，但都有同样的发展阶段（尝试期、成型期、扩张期）。不同的发展阶段要有差异化的战略打法，战略尝试期一定要允许野蛮生长和管理混乱；战略成型期一定要在战略目标达成高度共识的基础上，制定清晰的商业模式和战略打法，有效推动战略目标的实现；战略扩张期一定在有效的管控模式基础上，培养团队的战略思想、团队精神、执行力和纪律性，并加大授权。”

企业生命周期理论指出，公司只要没倒闭，都会依次经历初创期、生长期、成熟期、衰退期。在不同的发展阶段，人力资源管理的工作重心存在差异，制订的战略规划也不尽相同，但基本套路都是一致的，可分为四个步骤与七个子规划。

四个步骤：人力资源战略环境分析，选择和制定战略，执行战略，评估和调整战略。

人力资源战略环境分析包括公司外部环境分析和公司内部环境分析。公司外部环境主要包括国家政策、国民经济状况、社会需求变化、区域市场动态、行业技术发展状况。内部环境主要包括公司现有的资源条件、公司所处的生命周期、公司文化价值观、公司的总体战略目标、员工的综合情况。

通过内外部环境分析，人力资源管理部门可以根据公司的发展需要和优缺点来制定相应的战略，合理运用选才、用才、育才、留才四个基本手段的组合。到了执行阶段，人力资源战略规划应该注意细化各项规章制度，保持人力资源与其他资源的合理平衡，协调好组织与个人之间的利益关系，推动公司发展战略的进程。在执行过程中肯定会遇到很多新问题，这就需要人力资源管理部门根据反馈信息来评估原有战略规划的效果，并做出恰当的调整。

通常而言，人力资源战略规划是由以下七个子规划共同构成的：

1. 内部人员流动规划

即公司内部成员的岗位调整，升职、降职、调岗、轮岗之类的内容。合理的内部人员流动是保持公司人才梯队建设良性循环的基础。

2. 外部人员招聘规划

当内部的人才不足以支撑发展目标时，人力资源管理部门就要从外部招聘公司所需的人才，为组织补充新鲜血液。尤其是在公司高速发展阶段，补充的外部人才质量对其扩张速度有直接影响。

3. 员工职业生涯规划

人力资源管理部门要根据公司需求来为不同的员工制订个人职业生涯发展规划，以便充分开发员工潜力，使得人才的自我发展需求与岗位的需求相匹配。

4. 员工培训制度规划

一个企业的人力资源管理是否完善，很大程度上体现在其员工培训体系上。因为公司越大，对岗位的专业性要求越高，需要通过系统的培训来提高员工的综合素质，使之满足公司的岗位要求。

5. 薪酬激励制度规划

大多数人工作都是为了养家糊口、维持生活，努力完成公司的任务指标也是为了换取劳动报酬。所以公司必须利用合理的薪酬激励制度来保障员工的积极性，只有在此基础上，他们才会燃起为企业使命而奋斗的事业心。

6. 退休离职管理规划

老员工退休与离职也是人力资源管理的基本工作。如果这个环节处理不好，就会打击公司全体员工的士气，让他们缺少安全感与归属感，无法安心工作。想要公司健康、稳定、可持续地发展，就不能不重视这项工作。

7. 企业文化价值规划

人力资源管理部门承担着向新老员工传播公司文化价值观的任务（主要是在培训环节）。随着公司不断发展壮大，其企业文化价值观也会发生相应的改变。人力资源管理部门应当随时总结公司的组织文化，以便在培养人才资源时传播准确的内容。

阿里巴巴的发展历程充满了戏剧性，其企业文化价值观又富有个性，由此制订的人力资源战略规划也不同于其他企业。但总的来说，人力资源战略规划工作有一定的共性，阿里巴巴的特殊性也是建立在这种共性的基础上，并非虚无缥缈的空中楼阁。

“带出去”战略，立志做商场名将的摇篮

阿里巴巴创始人马云曾经在高校教书六年，这段经历让他养成了独特的思维方式，树立了与众不同的愿景目标。2005年12月，马云在北京大学中国经济研究中心发表演讲时称：我叫自己“首席教育官”。而在此之前，2004年9月10日，阿里巴巴宣布创办中国互联网第一家企业学院——阿里学院时，“首席教育官”马云就已经开始了自己的教育战略布局。

阿里学院专门负责培养电子商务实战人才，采取现场授课、在线教学、顾问咨询一体化的立体教学模式。授课讲师包括马云、彭蕾等阿里巴巴创始人。

阿里学院在2006年1月推出了国内首张实战性电子商务认证证书——《阿里巴巴电子商务》证书。此后，阿里学院又开通了网校，向中小企业推广“有Alibaba（阿里巴巴）特色的MBA”管理课程，与几百所高校合作推广“阿里e学堂”项目。2008年10月28日，阿里巴巴集团正式成立了阿里巴巴（中国）教育科技有限公司，将阿里学院纳入公司化运作。

这一系列措施揭示了阿里巴巴集团宏大的人力资源战略规划——把阿

里巴巴变成中国互联网行业的“黄埔军校”。

马云自豪地说：“我跟我们人力资源部的所有人讲过，我们公司的资产就是人。中国现在号称有12 000个电子商务专家，9 000个在阿里巴巴集团。按照财务上的说法，资产是有折旧的，会越来越不值钱，但人应该是越来越值钱的。5年、8年以上的阿里人，加上电子商务的经验，就是非常值钱的。我相信，如果你在阿里巴巴待上20年再离开，你身上的价值会更大，你会更值钱，因为你把阿里巴巴的制度体系、价值观体系带出去了。”

把阿里巴巴的制度和价值观带出去，带到整个业界，就是马云创办阿里学院的出发点。

自从阿里巴巴成立以来，中国的互联网产业进入了一个高速发展的阶段。根据专家的估算，中国电子商务人才的缺口超过了100万。于是，许多高校都开设了电子商务专业课程，并编写了相关教材。但是，既做过教师又做过企业家的马云认为，这些电子商务教材往往是务虚的理论，是与中国电子商务的实践脱节。

作为中国最大的电子商务公司，阿里巴巴在这方面积累了丰富的实战经验与商业理论，具备创办企业学院的天然优势。于是马云等人决定创办阿里学院，填补这块空白。

马云说：“阿里巴巴是创业者，培养的是中国的土老板，我要完成自己作为老师的心愿。我将阿里巴巴定位为活102年的企业，就是持续成长、发展102年。为什么是102年？阿里巴巴是1999年诞生的，到下个世纪初，刚好是102年，横跨了三个世纪，目标很明确。我认为大学是可以走100多年的，企业的文化也可以走100多年，企业文化是企业发展的DNA，投资也可以做100多年。既然确定了我们要走102年，就要有思考和建设，因此我们成立了阿里学院，目的是帮助中小企业和创业者。今天，我们还在规划做更多的事情。”

从创业开始，阿里巴巴的电子商务服务体系一直是针对中小企业和创业者建设的。扶持中国的中小企业与创业者的发展，是阿里巴巴的经营宗旨，也是其三大愿景目标之一。

阿里学院同样服务于这个战略规划。在阿里巴巴打造的电子商务生态圈中，淘宝、天猫、全球速卖通等是为中小企业和创业者提供交易平台，蚂蚁金融服务集团为其提供资金服务，阿里学院则为其提供电子商务人才培训服务。通过这种方式，阿里巴巴不仅构建了一个全方位的互联网商业生态圈，还把自己的企业文化价值观与人才培养战略向全国乃至全世界推广。

不难察觉，做商场名将的摇篮是阿里巴巴人力资源战略规划的一个重大目标。

马云曾经对全体员工说：“企业也许不能走102年，但企业的价值观、文化、使命可以走102年，你们愿意也好，不愿意也好，我都要把我脑子里的东西贯彻到你们身上，让它们生根发芽。所以，我们要投资阿里学院，真正把阿里学院建起来。”

由此可见，阿里巴巴的人力资源管理并不局限于解决公司内部的人才缺口，还试图满足国内互联网业界电子商务人才的需求。这种内外兼修的人力资源战略规划，将使得中国的电子商务领域带有更多阿里巴巴色彩。随着“带出去”战略的持续实施，阿里巴巴将进一步强化自己在电子商务领域的标杆地位。

用人才培养计划来促进企业目标愿景的实现，阿里巴巴将人力资源战略规划的影响力发挥到了极致。

整合被收购企业的人力资源

阿里巴巴集团成立至今已经收购或投资了许多不同类型的企业。比如，搜索引擎领域的企业有雅虎中国、搜狗，本地生活领域的企业有口碑网、美团、快的打车、高德地图，电子商务服务领域的企业有中国万网、宝尊电商、深圳一达通，社交与移动互联网领域的企业有微博、陌陌、UC浏览器，文化领域的企业有虾米网、优酷土豆、华数传媒，金融领域的企业有恒生电子、天弘基金，物流领域的企业有百世物流、星晨急便、日日顺物流、新加坡邮政，等等。

这些被收购企业的发展状况有好有坏，但不管怎样，阿里巴巴集团都得想办法整合它们的资源，其中最关键的就是人力资源的整合。

不同公司有不同的文化价值观与工作传统，整合过程中会发生许多摩擦。被收购企业的老员工对新公司的管理风格必然有个适应过程，但这个过程并不是一蹴而就的。有的人适应得快，迅速融入了公司，有的人抱怨不已，消极怠工。被收购企业的员工由于换了管理层而带有一定的不安情绪，假如人力资源管理部门不能妥善安抚，很容易造成公司嫡系员工与这些新员工之间的激烈冲突。

因此，任何大公司都不能轻视对被收购企业的人力资源整合问题。假如整合不当，会造成原企业核心员工的大量流失，被收购的企业也就成了名存实亡的空壳，使得收购战略意图完全落空。

阿里巴巴是一个非常国际化的公司，拥有来自多个国家和地区的员工，马云曾经戏称阿里巴巴是“联合国”。阿里巴巴在收购了各种各样的企业后，得到了成批的人才资源；同时，这些公司的企业文化往往高度成熟，跟阿里巴巴还不太一样。如果想要整合好这些资源，阿里巴巴一方面要设法赢得这些背景各异的新员工的支持，另一方面又不能让这些公司的文化稀释自己原本的核心价值观。

在这个问题上，阿里巴巴高层一直非常用心，也有一套成熟的经验。

以整合雅虎中国的人才资源为例，阿里巴巴董事会在收购雅虎中国前一个月就成立了一个整合小组，以低调姿态进入雅虎中国内部协调整合工作。小组的主要工作内容有两点：一是对雅虎中国进行人才盘点，二是向雅虎的员工宣传阿里巴巴的情况（特别是文化价值观）。

对于那些不认同阿里巴巴文化价值观的雅虎员工，无论有没有留下的愿望，无论能力多强，阿里巴巴都会请其离开。先把不能达成共识的人筛选掉，有利于其他雅虎员工适应新的工作环境。

接下来，阿里巴巴花了很多人力和物力与选择留下来的雅虎员工进行感情联络。公司高层邀请600多位雅虎员工亲自到阿里巴巴总部观摩交流，只交流感情，绝口不提业务。

通过这一系列的举措，雅虎中国的人力资源完成了转型，融入了阿里巴巴帝国。

从某种意义上说，整合被收购企业的人力资源，也是帮助这些公司的老员工接受并认同新的企业文化。阿里巴巴在整合不同公司员工时采用的具体方法灵活多变，但都遵循了以下几个关键点：

1. 为新员工们设立共同的目标

这里的目标主要指工作目标。通过为这一群来自不同公司的员工设定清晰的短期、中期、长期目标，实现整批地转化为阿里巴巴战斗力的目的。被收购企业的老员工群体最怕自己的重要性下降，不被新公司重视。根据公司发展战略来委以重任是稳定他们军心的主要手段。

2. 打造被收购公司与阿里巴巴之间开放的沟通机制

由于原公司的企业文化与阿里巴巴文化差异巨大，新老员工在合作过程中少不了会产生矛盾。新员工群体需要寻求情感上的理解，解决自己对公司文化不适应的困惑。这就要求公司打造一个开放的沟通机制，让他们畅所欲言，同时也便于阿里巴巴老员工全面帮助他们适应新环境。唯有如此，新老员工才能磨合出队友的默契。

3. 推广阿里巴巴的企业使命与价值观

阿里巴巴一向重视企业文化教育，对被收购企业的新员工也不例外。假如新员工群体依然保持着原先的价值观与工作习惯，是无法真正融入阿里巴巴大家庭的。如此一来，这笔人才资源非但不能起到积极作用，反而成了集团的包袱。所以，阿里巴巴用企业使命与价值观将其改造成真正的“阿里人”，才是长远之计。

阿里链接：“四项基本原则”与三大愿景目标

在阿里巴巴的战略规划中，最核心的部分是“四项基本原则”与三大愿景目标。无论集团的发展策略如何灵活变换，这些东西都是恒定的。阿里巴巴的人才战略规划，也是由“四项基本原则”延伸并为三大愿景目标服务的。了解这些内容，才能进一步了解阿里巴巴。

◎“四项基本原则”

1．拥抱变化

互联网行业的发展速度越来越快，在近五年内更是出现了沧桑巨变，微博与微信等新媒体的出现，颠覆了原有的互联网格局。谁也无法预料明天的互联网生态会变成什么样。如果没有积极拥抱变化的革新精神，就很可能被新一轮的互联网浪潮淘汰。

因此，阿里巴巴要求公司上下都要具备前瞻意识，勇于创新，不能自以为功成名就，躺在功劳簿上睡懒觉。即使变革会增加挫败的风险，阿里巴巴也不肯坐以待毙，落后于时势。

阿里巴巴在2008年国际金融海啸到来之前就预判到了“经济冬天”即将降临，并为此早做准备，这使得公司比较顺利地挺过了困难期。这个经验也进一步强化了阿里巴巴“拥抱变化”的原则，经常根据市场环境改变业务内容、组织结构、人才配置。假如员工不具备拥抱变化的前瞻意识，就会被淘汰出局。

2. 永远不把赚钱当首要目标

在许多人眼中，阿里巴巴是一个挣了大钱的公司，但马云在集团内部讲话时多次强调“永远不把赚钱作为第一目标”。对于阿里巴巴来说，赚钱只是结果，而不是目标。赚钱的途径有很多，如果以赚钱为首要目标的话，公司应该不拘泥于某种业务与某个行业，什么赚钱多就做什么。但这种做法只能实现短期利益最大化，并不适合长远发展。随着业务的增加，管理会变得更加复杂。东一榔头西一棒子的做法会让公司运营变得十分混乱。

马云曾经在一次演讲中谈道：“阿里巴巴有一点不会改变，永远为商人服务，为企业服务。我们不是因为投资者而建网站，我们也不会因为媒体的批评而建网站，我们更不会因为网络评论家们说现在流行ASP（应用服务提供商）而改变我们的方向，我们只做B2B。对于机会，我绝大部分时候都说‘No’。CEO的主要任务不是寻找机会而是对机会说‘No’。机会太多，只能抓一个。”

阿里巴巴的企业使命是“让天下没有难做的生意”，立足于为广大中小企业提供优质电子商务的服务平台，故而能忽略很多机会的诱惑，坚持只做B2B。任何立足长远的事业，尤其是构建产业生态圈这样的宏伟目标，必须为了长期利益而牺牲一些短期利益，在前期可能会做一些看起来不赚钱但必不可缺的铺垫工作。

这项基本原则要求企业要有社会责任感，牢记自己的企业使命，不要变得利令智昏。

3. 永远不追求暴利

相对许多夕阳行业来说，作为朝阳产业的互联网行业，利润很高，但阿里巴巴高层并不主张一味追求暴利。比如，互联网行业中非常受欢迎且利润巨大的网络游戏产业，阿里巴巴集团一度表示排斥。直到2016年8月，董事局主席马云才决定联合巨人集团董事局主席史玉柱等人，以巨资收购国外开发休闲社交手机游戏的Playtika公司，进军手机游戏产业，收回了以前的话。

即便如此，拥抱变化的阿里巴巴还是坚持着自己“永远不追求暴利”的基本原则，更多是采取聚沙成塔的方式来增加利润，而不是一口吞下一块大蛋糕。哪怕是进军游戏产业，阿里巴巴也打算改变现在平台运营方拿走90%收入的暴利格局，创造对游戏开发者更公平合理的分成模式。

这与阿里巴巴的市场定位有很大关系。阿里巴巴致力于服务广大中小企业，同时还在以电子商务冲击传统渠道暴利的方式，让消费者在互联网时代能购买到更多物美价廉的产品。假如为了谋求暴利而制造垄断，就与阿里巴巴的企业使命背道而驰。

4. 客户第一，员工第二，股东第三

不少企业号称把客户与员工放在第一位，实际上却把股东放在了第一位。阿里巴巴的排序截然不同，重要性排序是客户、员工、股东。这项颇

有阿里巴巴特色的基本原则并没有挫伤员工的士气，反而让公司上下受到鼓舞。因为马云说：“在21世纪，如果你想成功，那你就要记住：客户第一，员工第二，股东第三。客户第一，就是指做生意要讲诚信，一切的努力都是为了客户。员工第二和股东第三，最近争议很多。我前几天在香港的股东大会上讲这句话时，有人说，马云，早知道你把股东排在第三位，我就不会买你的股票了。我说，还来得及，你现在可以卖掉股票。是谁给我们钱？是客户。是谁创造了价值？是员工。改变我们、影响我们、帮助我们成长的，是我们的员工。”

阿里巴巴是一家以服务为本的公司，客户第一体现了服务为本的原则，员工优先于股东则体现了公司对价值创造者的重视。所以员工并不觉得自己排第二位是掉价。

◎三大愿景目标

1. 打造102年的企业

愿景目标跟企业使命有相同之处，但也存在区别。原景目标是一个公司存在的目的和理由，让全体员工能清晰地意识到自己是为了什么而努力工作，明白公司希望在未来变成什么样子。缺乏愿景目标的公司，上上下下都是在按部就班地混日子，工作没有激情和理想，一旦遇到逆境就树倒猢狲散。所以，阿里巴巴把打造102年的长寿企业作为第一个愿景目标。

在创业之初，马云立志要让阿里巴巴存活80年，但随着公司规模的不断扩大，他把这个愿景目标增加到102年，刚好横跨三个世纪的时间。这意味着阿里巴巴要在马云和其他十七位创始人退出历史舞台后继续健康稳定地发展。为此，阿里巴巴必然要立足长远发展来做业务，而不为短期暴利所动。

2. 成为全球最大的电商服务供应商

马云等人当初成立阿里巴巴就是为了给中小企业提供电子商务服务平台，并希望“只要是商人，一定要用阿里巴巴”，直到今天这个初衷一直没变。刚开始，马云的愿景目标是让阿里巴巴成为全球十大网站之一，如今公司兵强马壮，这个目标又升级为争当全球最大的电子商务服务供应商。

为了实现这个愿景目标，阿里巴巴一直在打造自己的互联网商业生态圈，培养广大中小企业的电商贸易习惯。所有举措都是为了提升集团的服务能力，扩大阿里巴巴在电子商务服务领域的优势。为此，阿里巴巴不断重新拆分组合新的事业群，并招募大量相关人才充实各条战线。

3. 做全球最佳雇主

马云说：“阿里巴巴要以人为本，人才是我们的本钱，我希望阿里巴巴的领导者永远用欣赏的眼光来看我们的员工。我们每年都要检视自己离世界最佳雇主还有多远，我们希望我们的员工变得富裕、变得开心。其实，很多公司比我们有钱，但员工并不用心。我们要做到的是，让我们的员工一辈子有成就感。”

阿里巴巴在2004年、2005年、2014年先后被评选为“CCTV中国年度最佳雇主”“中国大学生最佳雇主”“2014年中国大学生最佳雇主TOP50的冠军”。这些荣誉直接体现了阿里巴巴以全球最佳雇主为努力方向的愿景目标。

最佳雇主的考察标准是多方面的，包括公司员工的数量与素质、员工培训水平、公司目标与员工个人目标是否相匹配、员工收入在同行业中的水平等。阿里巴巴在这些方面都表现优异，让员工们拥有较多的成长感、成就感和归属感。这使公司全体员工保持着高昂的士气不断奋斗。

总之，阿里巴巴集团通过“四项基本原则”和三大愿景目标为人力资源管理战略规划设定了底线、指明了方向，使得公司的人力资源管理变得更加正规化与特色化。如果没有成熟的人力资源管理战略规划为基础，阿里巴巴根本无法保证拥有足够的人才梯队适应持续高速的发展势头。

拓展阅读：人要学会投资在自己的头脑和眼光上

一路走来，伴随着技术的进步，互联网发展得越来越好，对人类的贡献也越来越大。阿里巴巴也一样，8年前我们希望建立一个能够帮助无数进出口和内贸企业交易的平台。直到今天，它越来越大。阿里巴巴在干什么？下一步发展成什么样子？媒体上报道比较多的是几家互联网企业竞争得比较厉害，企业发展得很大，对于企业真正要干什么，人们很难找到答案。最近这两年，我越看越清楚，越看越明白，越做越兴奋，越做越激动。

……

作为人，第一，要有自己的理想；第二，一定要坚持。很快，阿里巴巴的每个人都会很有钱。我相信很多人比我们聪明，很多人比我们努力，为什么我们成功了，我们拥有了财富，而别人没有？一个重要的原因是，在别人都不看好互联网的时候，我们坚持下来了。你说当时做搜索引擎的人有多少，做电子商务的人有多少，做B2B的人又有多少，为什么最后都没有了？我们在，是因为我们坚持住了。当初我们招来的人，没有猎头公司找他们，他们也不知道去哪儿就业，所以就待在公司里了。结果，我们稀里糊涂地坚持了下来，后来一看，我们居然变得这么好了。

所以，有的时候傻坚持要比不坚持好得多，这是实话。那时候有谁愿意加入阿里巴巴？街上会走路的，只要不是太瘸的人，我们都招过来了，而聪明的人都离开了。2001年、2002年的时候，那些自认为很聪明、有好想法、能力很强的人，觉得电子商务不靠谱，待了一两个月就走掉了。

所以，你不仅要有理想，还要坚持，要不断学习。网商这个行业，现在我们的专家多了。在1995年、1996年的时候，有一大批专家说互联网未来应该这样发展，这样是对的，那样是错误的。我觉得他们都是瞎扯，因为人类之前没见过互联网是什么东西。

那么，我们是怎样做的？边学边干。我觉得CEO是很难当的，怎么学呢？这个世界上没有哪个CEO是培训出来的。领导者要有眼光和胸怀，眼光是靠多跑多看练就的，读万卷书不如行万里路。你没有走出县城，就不知道纽约有多大。我去了美国之后，才感觉自己太渺小了。

我经常跟我的同事们说，人要学会投资在自己的头脑和眼光上。你每次去的地方都是萧山、余杭，怎么跟那些大客户讲世界未来的发展是什么样的？你去东京、纽约看看，全世界都走一走、看一看，回来之后，你的眼光就不一样了。人要舍得在自己身上投资，这样才能给客户带来价值。

眼光是走出来的，胸怀是冤枉撑大的。今天阿里巴巴唯一拥有的比较大的优点，就是胸怀宽广一些，能容纳各种日常。阿里巴巴人才济济，聪明人非常多。记住，能容纳各色人等的公司才是好公司。为什么人们愿意去动物园？因为里面有各种各样的动物，如果里面的动物都是一样的，像个养殖场，那就没意思了。

看看不同的人，有的那么固执，有的那么重视细节，有的又很宏观。

我发现，这个世界的美妙之处在于可以看到各种各样的人。尤其是在公司里，你如果带着欣赏的眼光看别人，就会怎么看怎么顺眼，如果你讨厌一个人，就怎么看怎么不顺眼。

我最近想到战略的问题。人类的历史很长，但战略的历史是很短的。通常的战略，要一个月评估，三个月检查，一年微调，三年才能看结果。如果就检验今年的战略效果，那不是战略，而是战术。我们每天要做的事情就是去看电子商务未来的发展。我已经做了4年网商了，但我告诉你，网商起码还有40年的发展时间。世界发生变化了，你要容纳各种各样的人，不是忍气吞声，而是发挥他们的特长。

眼光、胸怀、实力很重要。作为领导者，不管你的企业有多大，不管是5个人还是5 000个人，你都要有比任何人都强的抗击打能力，也就是经得起失败的能力。虽然阿里巴巴目前发展得很好，但是小问题也很多。人一旦停止学习，就会走向失败，所以要坚持学习。

要做正确的事，还要正确地做事。首先，要选择正确的方向。如果你选错了方向，你做得越多死得越快。我觉得自己比较幸运，阿里巴巴选择了一个正确的方向——电子商务和互联网。其次，要用正确的方法。很多人都在说第一桶金，我想网商群体一定会成为，也一定能成为世界上最诚信的商帮。为什么？网商没有办法在线下跟消费者见面，所有的东西都是靠诚信一点一滴建立起来的。如果我没见过你，我们要做生意，必须一点点做起来。

这几年网商的诞生、发展，靠的是诚信。所以，要选择做最正确的事情。网络还要大力投入诚信建设，在做网商的过程中，也不要寄希望于一夜暴富。

……

真正想赚钱的人，要把钱看清。没有结果的战略都是胡扯。没有结果不行，但只奔结果也不行。如果我马云和阿里巴巴团队的17个创始人心里都只想着替自己赚钱，让自己成为富翁的话，阿里巴巴不会做得这么大，不会取得这样的成功。

（本文为马云在2007年9月15日第四届网商大会上的演讲的节选。）

第三章

人才招募：最好的人才不如最合适的人才

得才者兴，失才者亡，国家社会是如此，企业也不例外。有些公司本来发展势头不错，却因在重要岗位招聘了名不副实的人而错失好局。有些公司起初表现平平，但自从招募到某位不世出的天才后，事业变得一帆风顺。招兵买马是企业壮大的必由之路，在不少著名企业的发家史中都能找到若干个起关键作用的顶尖人才。但拔尖的人才可遇不可求，需要精心且耐心地寻找。

一味盯着人才市场中学历高、经验老、履历丰富的人，未必是妥当的做法。因为，不同的公司有不同的招聘标准，而且实际需要的人才类型也不一样。按照通行标准选拔的最优秀的人才，不一定真正适合企业，也可能出现“水土不服”的情况。所以，阿里巴巴的人才招聘观念立足于选拔最能满足公司需要的人才。

招最优秀的不如招最合适的

一家公司想要发展壮大，离不开招兵买马。很多企业都想从人力资源市场中找到最优秀的人才，以便形成人才优势。由于优秀的人才往往凤毛麟角，各大知名企业总是会提出优厚的条件努力争取。可是，就像最优秀的足球教练无法保证能把豪门俱乐部带出刷新历史纪录的好成绩，那些理论上最优秀的人才，也未必能给企业带来可喜的变化，也可能带来双输的结果。

这样的弯路，阿里巴巴就曾经走过。马云感慨道："阿里巴巴在发展过程中犯过许多错。比如在创业早期，阿里巴巴请过很多'高手'，一些来自500强大企业的管理人员也曾加盟阿里巴巴，结果却是'水土不服'。那些职业经理人管理水平确实很高，就如同飞机引擎一样，但是如此高性能的引擎就适合拖拉机吗？业界高手们讲得头头是道，感觉真是很有道理，但结果却是讲起来全对，干起来全错！当时太幼稚，当时公司的发展水平还容不下这样的人。"

按照常理来推断，来自世界500强的高层管理人员在原就职公司有着赫赫战功，具备先进的管理理念，能有效促进公司管理的现代化与规范化。但事实上没那么简单。

那些从世界500强公司里引进的高级管理者习惯了以大公司的资源、渠道、人力来运作项目。而当时的阿里巴巴还是处于发展中的中小企业，没有富余的资源与人手去啃大项目，组织结构与人员调配必须保持较高的灵活性，员工规模不大，还不需要太规范化的制度。为此，这些外来的高级管理者只能改变之前在世界500强中行之有效的管理办法，以更为粗简灵活的方式来解决问题。这是一个重新学习与重新适应的过程，公司必然会为此付出相应的成本与代价。

由此可见，任何人才都需要与企业环境相互适应后才能发挥其最佳效果，人才与企业不合适的组合可能会导致互相耽误的恶果。这就好比一辆车配上了超出规格的先进发动机，最终车子跑不远，发动机也因无法磨合而损坏。不考虑这个因素就盲目引进高端人才，只会起到相反的效果，白白浪费资源。

吸取了这些教训后，阿里巴巴痛定思痛，不再一味追求“最优秀的人才”，而是立足于寻找“最合适的人才”。

什么样的人才是“最合适的人才”呢？可以通过三个方面来考察：

1. 这个人有没有胜任岗位的能力或潜质

现代企业的分工越来越专业化、精细化、体系化。应聘者具备岗位所需的基本专业知识与工作能力，是最起码的要求。当然并不是每个岗位都一定能招到技能熟练、经验老到的资深人才，这时候就需要观察应聘者是否具备胜任岗位需要的潜质。比如，对那些相关工作经验较少但学习能力很强的应聘者应当放宽某些方面的要求，以便为公司赢得未来的生力军。

2. 这个人是否认同公司的企业文化价值观

不认同企业文化价值观的员工也许工作很卖力，但也只是抱着“做一天和尚撞一天钟”的想法来做事，并不会从各方面贯彻公司的使命。当公司遇到发展瓶颈或处于铺垫阶段时，他们往往不愿意与公司同甘共苦，而是选择离开。每个公司总有几个爬坡阶段，这就需要忠诚的员工齐心协力突破难关。只有认同公司文化价值观的人，才能不受短期利益的诱惑，坚持为公司奋斗。

3. 这个人的发展目标与公司的发展目标是否方向一致

每个人的职业生涯规划千差万别，有的与公司发展目标方向一致，有的与公司发展目标不在一个方向。前者与公司的成长步调一致，有更多的共同利益来巩固合作关系，就是“最适合的人才”；后者在公司待了一定的时间后，就会为个人目标而另找出路。

总之，“最合适的人才”可能是业内公认的“最优秀的人才”，也可能不是。但无论怎样，他们都与公司的发展需求相匹配，能够很好地融入公司的价值文化体系中，并愿意与公司共同成长。这就如同一辆车配上了性能最匹配的发动机，能把综合性能发挥到极致。

在阿里巴巴上市后，公司的海外业务猛增，人力资源管理工作遇到了很多新情况。媒体在采访当时的阿里巴巴首席人才官彭蕾时提出这样一个问题：阿里巴巴是否会为了实现国际化战略而去全球层面寻找一些高级人才？

彭蕾回答道：“其实国际化有很多实现路径，也未见得到美国去就是国际化，特别是我们的业务，也许东南亚更适合，也许非洲、南美都合适。我们有一个做出口的平台叫AliExpress（全球速卖通），现在已经是俄罗斯最大的电商网站。人才方面也不会特意为之，我们在这个阶段需要什么样的人才，或者需要什么样的资源，我们就会自然而然、水到渠成地做一些事。”

在不同阶段选择真正适合公司发展需要的人才，而不是刻意选择大家眼中的“高级人才”，这就是阿里巴巴的招聘标准。

不从对家挖墙脚

这个世界很大，却也很小。A公司和B公司是同行竞争者，又恰恰在同一个写字楼。有一天，A公司的某位骨干员工被人才市场猎头挖墙脚，去了B公司。正当他想着与前同事低头不见抬头见的尴尬时，却发现A公司新招的人才是B公司的得力干将……

现实中挖墙脚故事充满戏剧性。谁都知道人才是最重要的人力资源，万金投资易得而独当一面的大将难求。所以，人才争夺战也是非常激烈。用优厚的条件从竞争对手那里挖走顶尖人才，更是不少企业屡试不爽的法宝。为什么许多企业喜欢挖墙脚呢？

首先，此举可以确保企业获得业内顶尖的人才。

外部招聘最让人头痛的问题就是无法确保招到优秀的人才。哪怕在简历上看起来光芒四射的应聘者，也不排除是虚有其表的银样镴枪头。但被挖墙脚的对象无一例外都是已经在业内证明过自己实力，并且被企业深入了解过的人才，聘用他们无须担心才不胜任的问题。

其次，竞争对手的实力将被直接削弱。

挖墙脚战术的应用对象往往是竞争对手那儿重要岗位上的人物。一旦将其挖到自己公司，竞争对手如同被斩断左膀右臂，实力大幅度下滑。这将成为公司一举把竞争对手远远甩在身后的契机。

最后，公司可以借此机会了解竞争对手的内部情况，找到更有力的竞争对策。

被挖墙脚的人才往往掌握着原公司的大量业务与客户资源，甚至核心技术等商业机密。公司可以根据他们带来的情报弄清竞争对手的内部情况与营销手段，从而针对其弱点进行猛烈打击，将其排挤出目标市场。

纵然如此，阿里巴巴依然恪守不从对家挖墙脚的信条。2006年，马云在深圳做了名为《文化是企业的DNA》的主题演讲，其中一段内容是这样的："从竞争对手那边挖来的人，如果让他说原来公司的机密，就对自己的旧主'不忠'；如果不说，他就对现在的新公司'不孝'；即使不让他说原来公司的机密，他在工作中也会无意识地用到，这样他就'不义'了！

"至于主动跳槽过来的人，如果不是剧烈竞争对手的人，可以考虑一下；如果是剧烈竞争对手的人，我们绝对不会接受。

"我们不但绝对不允许自己公司挖竞争对手的人，也不允许我们的猎头挖，同时也强烈地鄙视、排斥和谴责竞争对手挖我们的人。"

这段话表明了阿里巴巴高层对从竞争对手那里挖墙脚的态度。马云之所以对从对家挖墙脚的行为如此排斥，是因为阿里巴巴曾经在发展阶段出现了严重的人才缺口。

阿里巴巴还没兴起时，招聘员工的标准放得比较宽。马云曾经戏称："街上会走路的，只要不是太瘸的人，我们都招过来了。"到了2001年、2002年的时候，一些"自认为很聪明、有好想法、能力很强"的人觉得阿里巴巴的电子商务发展计划不靠谱，于是只做了一两个月就离开了公司，跳槽到了竞争对手那里。在公司最困难的时候投靠竞争对手，虽然是市场经济中的正常现象，但毕竟有落井下石、墙倒众人推之嫌。

后来阿里巴巴渡过难关，实现了飞跃发展。马云对当时留下来共患难的员工十分感激，也因此对被挖墙脚一事十分排斥。

为了避免今后重蹈覆辙，阿里巴巴采取了两个防范措施：一是努力打造别人挖不走的明星团队，减少对个人英雄的依赖；二是杜绝从对家挖墙脚的行为，以免招来投机心态较重的员工。

尽管这种做法意味着自动放弃挖墙脚战术带来的三个好处，但从长远来看，阿里巴巴的思路非常可取。如此一来，公司防备竞争对手挖墙脚的能力大大提升，也保证了自身人才队伍对企业使命的忠诚度，正面激励那些从不见异思迁的实干家。虽然阿里巴巴每年的员工流动很频繁，但关键岗位上人心十分稳定，为公司稳定而快速的发展创造了有利条件。

在公司内部寻找超过自己的人

按照人才来源的渠道，招聘可以分为外部招聘和内部招聘两种基本形式。我们通常说的招聘主要是外部招聘，即从公司之外来招聘符合岗位需求的人才。内部招聘则是从本公司现有的员工队伍中选拔适合岗位需要的人才，尤其是从基层一线员工里提拔管理干部。

外部招聘的最大优点是选才范围广，运气好的话，可以挑到许多能为公司注入新鲜血液的各类能人奇士。那些公司内部员工长期在本公司工作，容易出现思想僵化的现象，并且倾向于按照同样的思维方式去看问题，一旦遇到市场新变化时，可能会集体抓瞎。外部招聘是解决这个弊端的最佳良方，但也存在外来人才与本公司缺乏兼容性的风险，那些看起来优秀的社会招聘人才，可能并不符合公司发展的需要。

阿里巴巴也曾经吃过类似的亏。公司在创业早期，高薪招聘过不少国际著名企业的高级管理人才，后来却发现其中很多人并不能很好地融入公司，于是调整思路，重要岗位以内部招聘居多，然后再根据需要来补充外来的优秀人才。到目前为止，阿里巴巴集团各子公司管理层还是以内部提拔居多，最初创业的“十八罗汉”依然是核心班底。

内招人才都是对本公司业务及文化价值观知根知底的员工，省略了外招人才必经的环境适应过程。而且，他们对公司的感情更深厚，对公司未来的发展方向往往比外招人才看得更清楚。假如单位高层量才而重用，内招人才通常会爆发出比外招人才更强烈的工作激情。

两种招聘方式是互相补充的关系，都不能不重视。但相对而言，人们更倾向于从外部招聘“空降兵”，而不太相信内部招聘能解决人才缺口问题。“外来的和尚好念经”这句俗语，就是这种社会普遍心态的生动写照。

造成这种现象的主要原因是公司各级领导总是下意识地认为自己的下属不如自己高明，有些人甚至抱着“武大郎开店，不许员工比自己高”的狭隘心态打压下属。

对此，马云严肃地指出：“如果没有人能取代你，那你永远不会升职，只有有人取代你，你才能成为上一级的领导。如果你出去六个月，找不到能替代你的人，就说明你不会招人，不会用人。领导要把别人身上最好的东西发掘出来，如果你能把别人身上连自己都看不到的优点发掘出来，那才是你的厉害之处。如果有一只老虎在后面追你，你的奔跑速度一定会快到连自己都无法想象。每个人都有潜力，关键是领导要能发掘这个潜力。”

领导者在部门或团队中的作用不仅是发号施令，更重要的是能激发下属积极性，发掘他们的潜力。

假如一个部门或团队只是靠着领导个人能力支撑，一旦领导不在岗位上，工作就会变得一团糟。最好的做法就是领导只抓大局、想战略、用好人、掌握平衡，让下属们充分发挥独当一面的才干，把自己从琐碎的具体事务中解放出来。要做到这点，领导者就必须要学会挖掘下属的潜力，敢于任用某些能力比自己更强的人才。

那种担心优秀下属取代自己位置的小心眼领导者，在阿里巴巴非常不受欢迎，也会失去晋升机会。

阿里巴巴的发展速度一直很快，人才缺口很大，能力突出的管理干部将得到许多升职机会。平时喜欢打压能干员工的领导者把自己的部门或团队变成了离开自己就不能运转的庸人集中地，他们升职以后，就无法再以个人能力维持部门或团队原先的业绩水平，导致其表现一落千丈。这样一来，公司高层为了保持该部门或团队不散架，只能继续将这种领导者留在原岗位，不把他纳入重要岗位的候选人。

所以，阿里巴巴一直推崇“在公司内部寻找超过自己的人”的观念，希望每一位领导者都能成为善于发现人才的伯乐、开发员工潜力的导师。这不光是人力资源管理部门的任务，其他各级管理岗位都要贯彻这个主张。

通过这种方式，阿里巴巴基层员工能够获得比其他企业员工更多的晋升机会。这种鼓励人人争当伯乐的做法，大大加强了阿里巴巴人才资源的凝聚力与战斗力。

做好招聘工作的四个环节

一般来说，招聘工作主要分为制订招聘计划、筛选应聘人员、试用期观察、转正考核四个环节。人力资源管理者在每个阶段的工作重点不同，只有把四个环节都做好了，才能为公司找出符合岗位需求的优秀人才。接下来，我们按照顺序来讲讲每个环节的工作要点。

1. 制订招聘计划

缺乏计划的招聘活动必然是虎头蛇尾，因为这是招聘工作的起点。想要制订出合理的计划，先要分析公司的战略目标、组织架构以及可以利用的招聘渠道。

公司的人才需求最终是为战略目标而服务的，企业采取什么样的发展战略就需要什么样人才。比如：以获得业内技术领先优势为战略目标的互联网企业，要招的是技术研发人才；以发展电子商务为立足之本的互联网企业，要招的是电商交易人才。这些需求最终会反映到某个具体岗位的人才缺口上。假如人力资源部门没吃透公司的组织架构，就无法合理定位所需人才的数量与类型。

常见的招聘渠道有猎头公司、招聘网站、人才市场与院校双选会等。不同层次的人才，需要从不同的招聘渠道中获得。高层人才的情报主要来源于猎头公司，中层人才的信息在招聘网站上可以查阅到很多，而基层人才主要通过人才市场与院校来招聘。

招聘工作需要多个部门的协调配合，以便人力资源部门充分了解各岗位的人才缺口状况，然后给出合理的预算。

招聘计划通常包括的内容有：

（1）招聘需求清单，含所招岗位的职务名称、人数、应聘资格等信息。

（2）招聘广告发布的渠道与时间。

（3）招聘小组成员的姓名、职务、分工内容。

（4）考察应聘人员的办法、地点、时间及考试内容设计者姓名。

（5）招聘活动的截止日期与新员工上岗的时间。

（6）资料费、广告费等各种开支预算。

（7）用于协调各部门配合工作的详细的招聘工作时间表。

（8）招聘广告海报的样稿。

最后，招聘计划主要由人力资源管理部门负责制订。

2. 筛选应聘人员

这项工作由人力资源管理部门牵头组建的招聘小组共同完成。

第一步是对应聘者的个人简历或申请表进行初步筛选，重点审查其个人信息、受教育经历、工作经历、有何成绩等方面信息，把预判不符合岗位要求的人筛选掉。

第二步是向通过简历筛选的应聘者发出面试通知，告知其面试时间、地点、大致内容及其他要求。

第三步是正式面试。有的公司采取笔试与面谈相结合的方法综合考察应聘者的各项能力，有的公司只采用单一的面试来选拔应聘对象。笔试与面试的内容可以根据不同岗位的需要来灵活设置。此外，面试可以分为初试和复试，也可一局定输赢。

通过面试的应聘者即可录用为公司员工，进入试用期考察阶段。

3. 试用期观察

在招聘工作中，试用期观察是一个很重要的环节。经过层层筛选被录取的新员工将正式接触到公司相关岗位的事务。这时候，可能会有不少人觉得公司跟自己想象中差别较大，从而萌生退意。新员工在试用期尚未结束就提出离职的情况也十分常见。但如果只是因为习以为常就不管不顾，则可能造成新员工集体流失。这样，此前所做的一切招聘工作就成了竹篮打水一场空，而且可能给老员工带来不同程度的心理压力。

为了避免这种状况，人力资源管理部门应该高度关注处于试用期的新员工，及时发现他们的矛盾心态与负面情绪，以便进行针对性的疏导。即便无法百分之百地留住所有的新员工，也能减少某些有潜力的人才因思想动摇而提前退出。

4. 转正考核

这是招聘工作的最终环节，公司能否如愿以偿地获得所需的人才，成败在此一举。不同企业采取的转正考核方式存在差异，但比较规范的做法是设立明确的转正考核制度，并设立由人力资源部门及新员工所在部门共同组成的转正考核小组，从多方面对新员工的表现进行打分。

新员工的转正考核主要看工作能力、工作态度、工作成果三个方面。

工作能力包括适应岗位的情况、工作效率、学习进度、任务完成质量、与同事之间的人际关系等。不同类型的岗位还应该按照不同的专业技术要求设置其他的细化考核指标。

工作态度主要是看工作积极性、责任心、组织纪律性、协作能力、团队集体意识等方面。工作态度的好坏，很大程度上决定了该员工今后的发展潜力。

工作成果的考核主要是看新员工在几个月试用期中做出的成绩。需要指出的是，有些岗位的任务周期长、工作见效慢，一时不容易看出成果。这时候，就需要转正考核部门遵循具体问题具体分析的原则，设置符合客观实际的考核标准，以免对新员工要求过高。

通过以上转正考核后，外部招聘的人才就从实习员工转为公司正式员工，企业的招聘工作也就告一段落。每一个环节都注定会淘汰一批应聘者，但人力资源管理部门应该合理控制淘汰率，根据上次招聘的情况总结经验教训，以免标准过低导致新员工滥竽充数或者标准过高导致招聘活动颗粒无收的情况发生。

阿里链接：只招有共同价值观的员工

阿里巴巴前资深副总裁、首席人力官，阿里影业公司首席运营官邓康明曾经表示：“（阿里巴巴）招聘新员工时，我们主要看他们本身是否诚信，是否能融入企业，能否接受企业的使命感和价值观。业务问题并不是最重要的。”

从招聘阶段就尽量招价值观与公司的相近的人才，可以提高招聘人才的“存活率”，给后续工作减少不必要的麻烦。这种“投机取巧”的办法是阿里巴巴的老传统。

在社会意识趋于多元化的今天，每个人都有一套自己的思想价值观。借助发达的社交媒体，大家都能找到一批与自己“三观相合”的同道中人。但在工作中，你的同事往往与你的价值观相差十万八千里。假如只是兴趣爱好和生活观念的差异，对工作的影响还不大。如果是做事理念与发展目标存在根本性差异，工作肯定会因激烈摩擦而进展困难。

从企业运营的角度来看，上下同欲者胜，同床异梦者败。如果全体员工缺乏共同的价值观，只是为钱卖命，那么公司一旦遇到困难，队伍就会变得四分五裂。

为了避免这个悲剧，阿里巴巴人力资源管理部门在招聘新人时往往只招那些认同公司价值观的员工。如果不认同阿里巴巴的文化，其他能力再出类拔萃也不会被录取。

马云曾经对阿里巴巴全体员工说："我认为我们面临着两种考验：诱惑面前挡不挡得住，灾难面前挺不挺得住。这是对价值观的考验，只有经过这个考验，才真正叫价值观。

"……你们不要讨厌这个过程，既然你们加入了这家公司，就要信仰我们的价值观。阿里巴巴有六大价值观，我们要对新进来的员工进行考核，更要对干部进行考核。我们这家公司最宝贵的东西就是使命感和价值观，这些东西是我们的DNA。大家不要觉得我这个人怎么这样，我就是这样，你不爽，就等下一个CEO上来。但我可以告诉你，下一个CEO上来也是这样。我下面的人都是这样，上来的肯定也是这样。"

这种看起来理想主义色彩浓厚的做法，其实与阿里巴巴早年发展过程中的经验教训不无关系。

2001年互联网泡沫泛滥的时候，2003年"非典"疫情暴发的时候，阿里巴巴公司处于极度困难时期。许多能力优秀的老员工与管理者都觉得公司发展不下去了，于是纷纷跳槽。不料，阿里巴巴挺过了这些难关，形势越来越好。那些离职者在新单位没有太大起色，于是又想回阿里巴巴工作。

毫无疑问，这种做法在行业中屡见不鲜，也没什么可以指责的。当然，这种做法背后隐藏的投机心态，不利于公司的长期稳定。

没有哪个知名企业是随随便便就能成功的。创业不是请客吃饭，需要全体员工以同甘共苦的精神迎接各种不确定的挑战。见势不好拔腿就跑的人要是在公司里担任重要职务，必然会成为关键时刻的隐患。需要他们迎难而上时，他们反而带头逃跑，公司的发展必然会受到重创。

因此，马云在一次内部讲话中谈道："1999年，我们提出要做存活80年的企业，要成为世界十大网站之一，只要是商人，就一定要用阿里巴巴。这是我们的目标。作为阿里巴巴的员工，如果你不认同这个目标，请你离开；如果你认为这个目标不可能实现，也请你离开。"

事实上，的确有很多从阿里巴巴辞职的员工表示受不了公司无处不在的"洗脑"。他们的说法是否中肯另当别论，但可以肯定的是，这些人已经失去了对阿里巴巴价值观的认同感，勉强留下也是出工不出力。如此一来，留在阿里巴巴的员工都是认同企业文化价值观的人，会坚持贯彻公司的基本原则和愿景目标。

在人才流动频繁的当代市场，劳动者普遍信奉"合则留，不合则去"的理念。但认同公司价值观的人，往往不容易被竞争对手挖墙脚，也不会在公司困难时退避三舍，在公司复兴后出来摘桃子。这样的人力资源堪称德才兼备，不仅质量优良还立场稳定，不作为企业的主力军是说不过去的。

阿里巴巴在人力资源管理的源头——招聘环节，就非常注重对新员工价值观的把关，可以提前筛选掉那些不认同公司愿景目标的人。通过这种方式，阿里巴巴最大限度地让公司内部保持"上下同欲"的氛围，心往一处想，力往一处使，在统一的战略下各尽其才。

从某种意义上说，重视价值观兼容性的招聘观念，对用人单位与应聘者双方都方便。大家各取所需，各得其宜，日后可以减少很多不必要的摩擦。

拓展阅读：人力资源管理者的基本素养

人力资源经理（Human Resource Manager，简称HRM）是人力资源管理部门的负责人，全面主持企业的人力资源管理工作。在阿里巴巴集团，担任这个职位的是首席人才官（CHO）。

有不少公司对人力资源管理缺乏足够的重视，认为人力资源管理者只不过是按照老板的指示，招聘几个新人、管理员工档案、制定薪资等级，没什么技术含量。这种认识误区使得那些公司始终处于较低的发展水平。

重视人力资源管理工作是阿里巴巴成功的一个重要因素。公司高层并不只是把人力资源管理局限于简单的人事工作，而是将其纳入了发展战略的高度。

阿里巴巴“十八罗汉”之一的资深人力资源管理专家彭蕾说：“在集团HR（人力资源）当中，最重要的就是这批总裁的格局和能力怎样才能进一步发展，他们下面的接班人怎么培养，这个是我这次回去以后要做的。给他们任务，也给他们方法，但是如果说不合适，也必须要跟他们讲。在集团，HR其实是很重要的，它提供数据，在阿里的业务体系当中无处不在。所有的重大项目，所有的业务HR都会跟着走，其实并不是说在某一个特别的时候才会出现。”

由此可见，阿里巴巴的人力资源经理并不像其他公司的人事专员那样只负责打理基本的人事工作，还要主动跟踪公司庞大的业务体系，以便确定阿里巴巴对各事业群总裁及其接班人的培训要求。

其实，最早提出“人力资源管理”概念的戴维·尤里奇教授就指出：人力资源管理部门应当扮演好战略伙伴、行政事务管理专家、员工的后盾、变革推动者四种角色。

制定战略是公司决策层的责任，但人力资源管理者（如首席人才官）应该认真推动和引导一些讨论，与其他部门管理者共同研究公司的组织结构与战略规划。

人力资源管理者往往被大家当成“管行政的”。因为他们平时主要的工作是确保公司各项日常工作顺利运转，避免人才缺口影响公司运营。在这个过程中，人力资源管理者应该找出更加多、快、好、省的流程来改进各部门员工的工作方法，以便减少成本、提升效能。

处理员工与公司的关系，是人力资源管理者的重要使命。员工在工作中会感到困惑、厌倦、不公平，各种负面情绪积压下来，将使他们失去工作的热情。因此，人力资源管理者应当成为员工的后盾，在高层会议上替员工发声，成为公司与员工沟通的桥梁。唯有如此，才能保持公司上下的士气。

人力资源管理者长期跟踪各部门业务，对公司整体运营状况有一个相对全面的了解。他们可以成为公司变革的推动者，通过传播新的价值观来打消人们对变革的疑虑。

阿里巴巴的人力资源管理者很好地贯彻了戴维·尤里奇教授的理念，

并在此基础上对下一代的人力资源管理者素养方面提出了以下四项简明扼要的基本要求。

1. 聪明

聪明指的是专业知识功底扎实，善于接受周围的信息，对形势变化反应快，具备很强的钻研精神和学习能力。此外，聪明不仅体现在做事的智商上，还包括做人的情商。只有聪明地做人和做事，才能做好人力资源管理工作。

2. 乐观

乐观精神对人力资源管理者来说特别重要。有些员工总是担心全球经济不景气、房地产泡沫会破裂、互联网行业会发生新的危机、公司现在全力打造的新项目可能会失败等。假如当年马云等18位创始人也抱着这样的心态，阿里巴巴根本不会诞生，公司也不可能挺过创业初期的困难、互联网泡沫、“非典”、国际金融海啸、股价暴跌等重重考验。

3. 皮实

皮实指的是抗挫折能力，与其相反的概念是“玻璃心”。有些人比较敏感而脆弱，稍微遇到一点挫折就被打击得爬不起来，一听到别人的批评就觉得自尊心崩溃了。这样的人经不起互联网行业的惊涛骇浪，只会成为大浪淘沙中被淘汰的失败者。人力资源管理者经常会遇到公司困难期的“离职潮”，还有各部门人才缺口带来的压力。如果不够皮实，就无法成为员工的后盾和公司高层的战略伙伴。

4. 自省

自省是人力资源管理者不可缺少的素养。一般来说，公司里会有很多业务精英恃才傲物，遇到问题时往往不会从自己身上找原因，而是把责任推给其他人。人力资源管理者作为员工的后盾与行政事务管理专家，会承担更多的相关压力。别人都可以抱怨和推诿，但人力资源管理者必须学会用自省代替埋怨。先看看自己还可以做哪些工作，争取改变一些现状。如果暂时没能力，应该朝哪个方向做准备，从而发挥变革推动者的作用。

总之，未来的人力资源管理者将为公司和员工的发展提供全方位的支持。唯有具备聪明、乐观、皮实、自省四种基本素养，才能扮演好战略伙伴、行政事务管理专家、员工的后盾、变革推动者四种角色。

第四章

新手培训：促进普通员工迅速成长

员工培训是人力资源管理中承前启后的环节，但很多企业对这个方面的重视程度远远不够。无论是刚毕业的职场新人，还是奋战多年的职场老手，进入新公司后必然要经过一个磨合过程。员工培训不仅能为新聘人员提供相关的工作技能，也是公司输出企业文化价值观的重要途径。从外部招聘的人才能否适应公司的文化价值观与工作氛围，将决定他们是否能圆满完成公司布置的任务，以及能在公司待多久。

马云曾说："你不可能找到最优秀的人才，只能找到最合适的人才，最后把他变成你最优秀的人才。"由此可见，如何把统一的企业文化价值观与操作技能更好地传输给各式各样的员工，是人才培训机制的重点和难点。阿里巴巴在这个方面有着独到之处。

做好员工培训需求分析

每个新进公司的员工，无论是刚毕业的“白纸”，还是身经百战的业内老将，都需要一个磨合的过程。培训就是这个磨合阶段的关键环节。职场新人需要学习做业务的技能，沙场老将需要了解公司的企业文化、运行机制以及管理流程。这些都离不开完善的员工培训课程。

然而，不少公司对员工培训工作漠不关心，认为新员工只要把交代的工作做完了就自然能摸索出一套经验来，派专人培训员工纯属浪费时间、精力、资源。持这种观念的公司往往在人力资源管理制度建设上也粗枝大叶，完全没有意识到一个相对成熟的员工培训机制对于公司发展有着不可替代的作用。员工培训的基本意义主要有以下几点：

第一，良好的员工培训机制是广大求职者选择应聘单位的重要参考标准，可以帮公司吸引更多的人才。

第二，员工培训是一种特殊的福利，培训可以提高员工的知识技和自我价值，对员工能起到较大的激励作用。

第三，员工培训可以帮助公司招募的各类人才尽快熟悉新岗位，尽早形成战斗力。

第四，重视员工培训的企业可以用层层递进的培训课程来挽留人才，让他们相信在公司能获得更好的个人发展。

第五，员工培训可以为公司源源不断地输送各类人才，充实各条战线，在市场竞争中形成人力资源上的优势。

综上所述，员工培训体系就是企业的造血机制，任何志向远大的公司都不应该忽视对员工培训体系的建设。否则，公司就无法保障每个关键岗位都具备能挑大梁的优秀人才，发展后劲必然不足，难以适应越来越残酷的市场竞争。

通常而言，企业的员工培训课程包括公司发展史、公司组织框架、公司主营业务、公司文化、公司基本规章制度，以及各个不同岗位所需的基本工作技能，等等。担任培训老师的人不局限于人力资源经理，还包括某个领域的培训讲师、各部门主管、销售代表、资深技术人员等。

如何把讲课的人与传授的知识技能有机结合起来，让被培训的员工获得更充分的成长，是员工培训的一大难题。为此，公司应该在事前对员工的培训需求进行全面的分析。

员工培训需求分析的内容主要包括参与培训的组织及员工现有知识结构、技能熟练程度、希望学习的内容等。通过了解这些综合情况，人力资源管理部门在组织员工培训时，就能有针对性地安排员工及组织最需要的培训内容，以免将培训变成空洞乏味、让参与者昏昏欲睡的讲座。由此可知，培训需求分析不仅是公司设计培训目标及规划的前提，也是员工培训活动的最初环节。

人力资源管理部门做员工培训需求分析的办法主要有以下几种：

1. 访谈调查法

通过与被调查对象进行面谈来获取其需求信息。除了找具体的某个员工面谈外，还可以跟高层管理者、相关部门主管等进行面谈，询问他们对培训的看法与期望。这需要人力资源管理者在访谈前准备好访谈提纲，选择合适的时间进行访谈。

2. 问卷调查法

当培训人数较多来不及一一访谈时，可以采取问卷调查的方式，让参与者填写经过精心设计的标准问卷。调查方式不局限于直接发放，还可以通过邮件、网页等形式发送。人力资源管理者回收问卷后对结果进行评估，就能比较准确地清楚员工的培训需求了。

3. 现场观察法

人力资源管理者亲自到工作现场观察员工的表现，从中找到他们普遍存在的不足，然后总结出一套针对性的培训方案。这种办法的优点是能结合实际工作需求来设计培训内容，避免了被调查者主观判断上的误差。但现场观察法最大的缺点是当员工察觉自己被观察时，会改变自己平时的言行习惯，从而让观察结果失去准确性。而且，对于那些专业技术性很强的工作，人力资源管理者也很难观察出个所以然来。

4. 关键事件调查法

这种方法是通过调查某个员工对公司产生的关键性作用来判断其培训需求。关键性作用包括积极的和消极的，比如争取到了大订单，挽回了差点流失的大客户，因操作失误造成公司财产损失，等等。人力资源管理部门针对员工积极的关键性作用给予更高层次的培训，针对其消极的关键性作用来补课。关键事件调查法主要是回顾员工的工作记录，可以定期展开。这就要求公司及相关从业人员具备较强的档案意识。

5. 绩效分析法

通过员工的绩效考核结果来分析他们在哪些方面表现突出、哪些方面存在不足，然后根据公司制定的期望绩效标准来给员工查缺补漏。这种方法以绩效考核数据为依据，设计出来的培训内容往往比较贴近实际需要，从而改善员工个人或团队整体的绩效水平。

6. 经验判断法

工作多年的人力资源管理者积累了丰富的经验。他们在没经过系统调查之前，也可以凭借敏锐的直觉初步判断出新员工在哪些方面比较欠缺。当公司打算从基层干部里择优选拔高级干部时，他们心中也有大致的判断，知道这些新干部需要补充哪些领域的知识技能。这种办法可以缩小备选培训对象的范围，减轻工作量，但这种方法具有一定的主观性。如果不配合其他方法使用，可能会发生看走眼的情况。

7. 头脑风暴法

召集某个项目或工程的相关工作人员，开一个“诸葛亮会”，大家集思广益，把所需的培训内容一一列出。通常保持10人左右的规模比较合适，在讨论过程中只提方案，不做任何批评及反驳。把所有的提议统统记录下来，思路与视角多多益善。会议结束后，对所有提案中的培训需求按照迫切性和可行性排列，就能找出最有必要的培训需求了。

8. 专项测试评估法

这是一种运用专业知识测评表来调查员工培训需求的方法。不同于普通的问卷调查，专业测评表有着很强的专业性，对操作者的能力要求比较高。假如公司内部的人力资源管理部门无人能胜任的话，就要邀请第三方专业机构来协助测评。这会付出一定的时间和成本，但调查出来的需求信息往往比较准确、专业和系统。

9. 能力胜任模型测试法

不少公司会根据岗位差异来构建能力胜任模型，以此来检测员工是否具备胜任某一岗位的知识、技能、身体状态以及价值观。通过能力胜任模型测试，每一位员工的优点和缺点都会充分暴露出来。人力资源管理部门则可以根据这些情报来安排培训内容，使得被培训对象的能力足以胜任岗位需求。

上述几种员工培训需求调查办法都有自己的优缺点，应该根据具体的情况来灵活运用。仅仅使用单一的办法，不足以全面了解员工的培训需求，也就难以为公司的招聘、培训、薪酬管理、绩效考核提供有力的依据。

不同类型员工的培训策略

公司的培训对象并不局限于刚入职的新人。随着工作内容与岗位的调整，每一位员工都需要“充电”，补充新的知识技能。从这个意义上说，老员工每接触一项新工作，来到一个新岗位时，都自动带上了“新手”的标签，应当接受相应的培训。不过，如同白纸的新入职员工、公司有心栽培的核心员工，以及公司各层级的管理干部，属于不同类型的“新手”。一刀切的培训策略无异于削足适履，公司人力资源部门必须根据被培训对象的具体类型来制订差异化的培训方案。

多数企业的新入职员工培训大同小异，主要区别在于对核心员工与管理干部的培训。这里重点谈针对核心员工与管理干部的不同培训策略。

具有出众的业务能力，能帮助自己所在部门提升业绩，甚至增强公司竞争力的员工就是核心员工。按照著名的“二八定律”，核心员工大约占公司总人数的20%，却承担了80%的业务、技术、管理等重任，掌握着公司绝大部分客户资源，为公司贡献了80%的利润。他们的职务未必很高，但实际上已经成了公司的中流砥柱，也是人才市场猎头随时紧盯的对象。

核心员工一旦离职，对公司业务带来的影响往往很大。

如何保证核心员工的工作积极性，留住他们的心，是公司高层必须高度重视的问题。提薪升职以及配套的培训，都是非常重要的措施。

核心员工在业务或技术能力上超出一般的员工，通常都有自己的一技之长。对他们进行员工基础培训的意义不大，但可以让他们兼任业务知识方面的培训导师。核心员工真正需要培训的地方，主要在以下几个方面：

1. 团队合作意识

从基层干起的核心员工最初相当于大机器上的螺丝钉，工作内容相对单一，单打独斗的情况多。随着时间推移，他们的工作内容会逐渐变复杂，甚至成为部门团队的业务骨干。这时候，核心员工光靠单打独斗已经无法提高效率了，必须学会团队合作，协助主管来提升全团队的整体实力。这就需要公司重点培训他们的团队合作意识与团队管理技巧。

2. 自我管理能力

核心员工在知识技能上有着很明显的优势，容易恃才傲物、孤芳自赏，对自己放松要求。两头冒尖的核心员工往往让公司管理层非常头疼。一方面，公司十分依赖他们的业务技术能力；另一方面，他们不遵守规章制度的散漫作风会给其他员工带来不良影响。所以，提高核心员工的自我管理能力也是培训重点之一。

3. 价值观和使命感

尽管企业希望所有的员工都能认同公司文化价值观，但并不是每个人都会发自内心地拥护公司的价值观，背负着远大的梦想与使命去努力工作。对于很多人来说，给多少钱干多少事才是职场常态。虽然公司无法强迫每个人都有强烈的使命感，但对于核心员工，必须提出更高的要求。假如核心员工缺乏使命感，一遇到逆境就想撂挑子，公司的抗打击能力就会下降。培养一批与公司同心同德、共进退的核心员工，是维持企业长久续存的必由之路。

4．其他工作所需的新技能

核心员工的任务往往多于其他员工，培训时间有限。他们也不需要像新入职者那样搞全面系统的知识培训，只需要根据其能力短板来制订强化训练方案，同时还应让他们在第一时间接触到与工作有关的新知识、新技能。

培训提拔或调动到新岗位的管理干部，对公司的发展也是至关重要的。如果新干部无法胜任岗位，影响的不仅是个人，而是整个部门团队，甚至全公司。对于阿里巴巴这种以“拥抱变化”为指导思想的互联网企业来说，建设一个“学习型组织”是必要的，而其中关键就是让各级干部也不断地学习新东西。

很多公司的误区是对管理干部重使用而轻培训，只是让干部自己凭兴趣去学习和积累，而没有根据公司发展需要组织专门的培训。这导致公司管理层不能与时俱进，过分依赖经验来办事，很容易误判新形势，错过新机遇。为此，公司人力资源部门应当重视对管理干部的培训，培训策略主要包括以下几个方面：

1．各部门主管基础的工作能力

管理干部基础的工作能力主要包括四项内容：沟通表达能力、思维理解能力、组织协调能力、学习能力。管理者需要用良好的沟通能力来上传下达，让大家知道该怎么做；如果没有清晰的思维，很难理解公司的战略意图与市场的多变形式；不懂组织协调就没法跟其他同事合作；缺乏学习能力就会被高速发展的社会淘汰。其实这些能力是每个员工都应该具备的，只不过对干部的要求更高。

2. 各级干部的管理能力

干部的管理能力主要包括七项管理专业技能：市场调研技能、相关产品技术知识、组织规划技能、项目管理技能、员工激励技能、营销渠道维护技能、营销策划技能。这些技能具有很强的专业性，需要管理干部不断学习，以保持见识和手腕的与时俱进。

3. 企业使命及公司的新战略目标

不同于对普通员工的思想灌输，加强管理干部对企业使命与公司战略的学习，更多是培养其忠诚度与执行力。管理干部通常都是公司的老员工，对企业使命并不陌生，但能否与公司同甘共苦，就要看他们对企业使命的认同程度了。普通员工只是按照大战略下的战术分工做事，不必考虑太多战略问题。管理者则不同，需要为自己的部门团队指明方向，并且配合公司其他部门团队共同实现董事局的战略意图，必须对公司的各项战略烂熟于心。

总之，人力资源管理部门担负着提高全公司各类员工综合素质的使命，应当根据不同的培训对象制订相应的培训方案，以求培养出符合公司发展需要的多种人才。

阿里巴巴新人培训三阶段

根据阿里巴巴人力资源管理专家的研究，新员工进入公司之后会经历三个阶段。

1. 结束的阶段

新员工进入新环境后忘掉自己在前一家公司所接受的知识、技能、经验，把头脑重新归零。每个人之前的经历都会对工作造成积极或消极的影响。比如，在前一家公司养成的工作习惯，可能让你在新公司如鱼得水，也可能让你步履维艰。忘掉之前的一切，才能以虚怀若谷的心态接受新公司的新知识，快速适应新环境。

2. 困惑的阶段

新员工在新公司刚工作1—2个月时，会遇到很多此前没碰到过的问题，从而对新公司的环境产生困惑，同时也会对自己选择新公司作为发展平台的决定产生动摇。在这个阶段，员工会进入瓶颈期，工作进展不顺，感到各种不适应。所以，人力资源管理部门要千方百计地为其排忧解难、指点迷津，让新员工摆脱思想困惑带来的阵痛。

3. 重生的阶段

渡过了困惑期后，新员工会对公司产生新的认识，调整自己原先的期望以及工作方式，真正适应公司的环境。当新员工进入重生阶段时，工作开始得心应手，就代表他已经融入公司的文化土壤了。

上述三个阶段是所有新人入职后的必经之路。有的人能较快达到重生阶段，提前通过各种考验。有的人则可能卡在困惑阶段难以前进，最终只好与阿里巴巴说拜拜。

针对这三个阶段，阿里巴巴在实践中逐步总结了一套比较完备的新人培训体系，争取让新员工在1—3个月内融入公司文化。

推崇武侠文化的阿里巴巴把自己的新人培训理论戏称为“五行拳”。其中，“金拳”是让新员工养成至纯的心态，不要有太多杂念；“木拳”是让新员工明白培训主要是在工作中成长，学习的是实战技巧；“水拳”是让新员工学会怎样在工作中“拥抱变化”，适应阿里巴巴不断求变求新的工作氛围；“火拳”是培养新员工的职场素养，以助其成长为专业的职场人士；“土拳”是让新员工熟悉阿里巴巴“沟通无界限”的管理机制，可以向公司高层直接提正式的建议或意见。

阿里巴巴根据人才类型的差异设计了三个不同的新员工培训系列：

（1）在公司国际站做销售的新员工学习的是“百年大计”系列课程。

（2）在中国站做销售的新员工学习的是“百年诚信”系列课程。

（3）非销售岗位的其他新员工学习的是“百年阿里”系列课程。

三个“百年”系列课程虽然在业务技能培训侧重点上有差异，但都是立足让新员工尽快熟悉公司的业务和环境，并了解阿里巴巴的企业使命、“四项基本原则”、三大愿景目标、六大核心理念。

无论学习哪个系列的课程，新员工培训会延续到两个月后的实习与考试当中。每周都有严格的考试，对新员工的业绩和价值观进行考察。其中价值观考核主要是从客户第一、团队合作、拥抱变化、诚信、激情、敬业六大核心理念的角度进行量化打分。假如公司发现新员工无法与团队成员配合好，或者没有遵守公司的价值观，就算能力再强、业绩再好，也会被辞退。

通常来说，新员工培训也就是在最初的两三个月进行。这个阶段结束后，新员工就只能靠自学来提高素养，企业一般不会再特别针对新员工设置课程，最多是某项新业务出现时安排相关的新老员工去听讲座。

这种做法在商界非常普遍，也没什么不妥的地方。然而，作为一个倡导“拥抱变化”的学习型组织，阿里巴巴并没像绝大部分企业那样，把新员工培训局限在最初的两三个月。阿里巴巴的新员工在入职后，除了接受系统的“百年”系列培训外，另有三个月的“师傅带徒弟”的“关怀期”，而且在入职6—12个月后还有选择“回炉”接受再培训的权利。

也就是说，阿里巴巴的新员工在入职的一年内都有接受系统培训的机会，主要集中在前6个月。3个月的“关怀期”通过一对一的教学模式让老员工对新员工进行“传帮带”，促进了新老员工之间的交流，也让新员工能够得到更好的成长环境。

凭借完备的新人培训体系，阿里巴巴成为中国互联网行业最大的电子商务人才的摇篮。这使得阿里巴巴帝国始终能保持源源不断的新鲜优质血液，支持自己向做102年企业的宏伟目标前进。

抓好员工的企业文化教育

阿里巴巴有个规定：无论新员工来自何处，都必须到位于杭州的总部参加为期一个月的专项培训。培训内容是企业文化，从第一天开始就系统讲述阿里巴巴的价值观和团队精神。阿里巴巴成立以来总结的九条精神、六大核心理念、“四项基本原则”、三大愿景目标等企业文化内容，都会在这一个月的专项培训中全部讲透。

有些新员工适应不了这种“洗脑”，于是放弃了阿里巴巴。而那些选择留下来的员工，往往会成为阿里巴巴文化价值观的拥趸。

马云曾说：“如何检验一家公司的好与坏？找七八个员工，问问他们的目标是什么，如果每个人的回答都一样，就说明这家公司是有凝聚力的。我特别为阿里巴巴的员工感到骄傲，我们公司各种各样的人都有，因为我需要的是‘动物园’，不是‘农场’。但是，要把10 000多个员工团结在一起，确实是很难的，因为他们每个人都认为自己很聪明，是天下第一，尤其是现在的年轻人。怎样才能把他们团结起来呢？要靠价值观，来阿里巴巴的人必须认同和坚守我们公司的价值观。”

因此，高度重视企业文化教育一直是阿里巴巴培训的一大特色。此外，这也跟公司以前遭遇的惨痛教训有关。

2011年，马云等高层领导者发现，阿里B2B平台上不仅存在商家欺诈现象，可能还有个别员工涉嫌勾结无良商家。当时负责这块业务的阿里巴巴企业（B2B）电子商务总裁卫哲此前一直以常规方式调查和处理此事，把作弊商家的比例从1.1%降至0.8%，但他并不清楚有哪些阿里巴巴员工跟作弊商家相互串通。

于是阿里巴巴高层的几个关键人物从外地回总部召开紧急会议，决定成立一个调查小组，由当时兼任上市公司独立非执行董事的阿里巴巴上市公司审计委员会主席关明生带头，彻查阿里巴巴的各个B2B团队。最终结果是阿里巴巴关闭了几个刚运行一年多的海外办事处，当时公司的COO（首席运营官）李旭晖与CEO卫哲主动引咎辞职。

当时阿里巴巴已经成立了十二年，各项业务的运转状况良好。但根据调查小组的彻查，2009—2010年涉嫌诈骗全球买家的阿里巴巴商家超过了1 000个，公司内部确实有少数员工为了冲业绩也配合其中一些无良会员进行诈骗。

阿里巴巴以电子商务B2B服务起家，而人们对电子商务最大的疑虑就是欺诈问题。所以，阿里巴巴六大核心理念中才有“客户第一”与“诚信”两条铁律。这些员工的行为违反了公司的核心价值观，触动了高压线，为阿里巴巴高层敲响了警钟。

阿里巴巴建设B2B交易平台是为了让“天下没有难做的生意”。可要是这个交易平台不能坚持“客户第一”与“诚信”的话，交易便利性等优势也就荡然无存，就会从根本上动摇了阿里巴巴的立足之基。

经过这次教训，阿里巴巴高层领导越来越重视对员工进行企业文化教育。公司设置为期一个月的专业培训课程，让全国及海外各地的新员工到杭州总部进行封闭式的企业文化教育，直到培训结束后才让新员工回各自的工作地报道。

马云在2008年4月14日的阿里巴巴内部管理者培训“湖畔学院”做过一次演讲。他在演讲中提到一个观点：“今天，阿里巴巴有9 000名员工，我认为十年以后，整个阿里巴巴集团会有15万名员工，至少有1万名是干部。这1万名干部，不培训，怎么能把我们的价值观灌输给其他员工？只有把我们的干部培训好，才能把我们的价值体系灌输给所有员工。做人做事，要光明磊落，讲究诚信。”

可见，阿里巴巴的企业文化教育不只是针对新员工，对干部的要求也同样严格。事实上，阿里巴巴内部也出现过因文化价值观不合而引发的分歧。但通过狠抓企业文化教育，大刀阔斧地整顿公司风气，阿里巴巴基本解决了员工与公司价值观不一致的问题。

对于一个公司来说，企业文化教育平时看起来没什么用，但在关键时刻可以让员工顶住不正当利益的诱惑，坚持做业界良心，继续贯彻公司的基本原则。假如平时对此不重视的话，员工并不会自动恪守阿里巴巴的六大核心理念与“四项基本原则”。如此一来，再好的企业文化价值观也会沦为一纸空文。

阿里链接：普通人是可以成长的

今天中午有一个员工跟我讲，他说广东地区现在很多公司网站上的订单不少，但是没有外贸人才，没有电子商贸人才。现在很多大学都在教电子商务，但是我没有发现一个好的。所以，我们成立阿里学院，来培养这方面的人才。

……

一般来说，成功的人往往说不清楚自己是怎么成功的。这中间有很多原因是你不知道的，还有很多的运气成分。阿里巴巴这几年来犯过无数的错误，但我觉得那不是错误。在创业过程中，很多的灾难你预料不到，说得出成功原因的是别人。中国绝大部分企业考虑的都是战术，战术就是活下来，等你到了有一定员工、一定规模的时候，再去考虑战略。

所以，我想告诉大家，不要去追求什么成功。一个人认为自己成功的时候，就开始走下坡路了。我们不谈失败，我们不接受成功。阿里巴巴要做一家102年的企业。以前我们的目标是80年，现在是102年。为什么是102年？上个世纪（20世纪）我们活了1年，这个世纪我们要活100年，下个世纪再活1年，加在一起就是102年。

有一天，如果你上了杂志封面，你就认为自己成功了。不要这样认为，成功是很短暂的，背后所付出的代价是很大的。失败可以很长，也可以很短。永远不要放弃，不放弃才有机会。做企业其实很简单，要有一个强烈的欲望。也就是说，你想做什么事情，想改变什么事情，想清楚之后，就永远坚持这一点。最怕的就是你走了很远的路之后，才发现你的梦想原来在别的地方。

……

另外，老板还要考虑的问题是你的团队。没有优秀的团队，你就没有办法成功。请把你的梦想告诉你的团队，不要让你的团队为你工作，要让你的团队为你的梦想工作，把这个梦想变成团队成员的梦想。

2003年年底，在制定2004年每天要达到100万元利润目标的时候，我们有一个顶级销售员说，马总，我明年要完成700万元。我问他，你今年做了多少？他说是100万元。我说，700万元的目标是很难完成的。他说自己一定做得到，并跟我打了一个赌。这个赌是这样的：他第二年只要做到700万元的80%，全世界的地方任他选，我请他去吃饭；如果他失败，年终大会那天，他要把衣服脱光跳进西湖里去。

第二年他非常努力，最后的达成率是78%。我跟他说，公是公，私是私，湖还是要跳的。年终大会那天，天气非常寒冷，吃完饭后，我说走，跳西湖去。我们到了西湖边，他真的脱光衣服跳了下去。

公司的使命、目标、今年的任务，公司的所有人是不是都清楚了？传达室的保安知不知道你们的使命是什么？如果他不知道，那一定有问题。你要告诉公司里的每一个人，你们公司的使命、目标、任务是什么。

有人会说，我下面的那些人都是垃圾，没有一个好的。我有一个朋友说，我要是你就好了，你手下都是这么好的人，我手下都是混蛋。

在阿里巴巴，每个管理者的工作就是把混蛋变成不是混蛋。一年之后，如果你下面的人还混蛋，问题在于你。人是可以成长的，没有永远的混蛋。经过了两三年，和我那个朋友想法一样的人一个个都离开了公司。

回过头来看，虽然我们最早创业的18个人都有伤疤，但我们都还在，这些人才是真正的大奖。阿里巴巴最大的财富不是我们取得了什么成绩，而是我们经历了这么多失败，犯了这么多错误。

我说我一定要写一本书，写阿里巴巴曾经犯过的错误。这些错误，你听了会笑着说，我那时候也犯过。有一天，如果你有重要项目，不要派常胜将军上去，要派失败过的人上去。失败过的人，才会把握每一次机会。

大家不要看我们今天很风光，我们以前也犯了很多错误，今后还会犯很多错误的，但我们依然会朝着我们的目标前进。第一天创办阿里巴巴的时候，我们发誓要创办中国第一的企业。这是大家的理想，不是我马云一个人的理想。所以，我们注定要走更长的路，吃更多的苦，要付出更艰辛的努力。

（本文为马云于2009年8月16日在深圳演讲的节选。）

拓展阅读：华为的“全员导师制”

有句老话叫“教会徒弟，饿死师傅”。这反映了封建时代师徒关系与同行关系的一个侧面。直到今天，职场人士大多抱着同样的观念来处理人际关系。这种观念使得公司内部的经验技术交流始终停留在低水平，无法有效提升整个公司的人力资源素质。

比如，华为公司高层在很早就意识到，很多优秀老员工的经验并没有很好地普及全公司，而很多经验不足的新员工则希望能得到一位导师的悉心教导。作为一个以技术研发为看家本领的高科技企业，这种敝帚自珍的态度显然会阻碍公司整体的技术进步。

假如每一位员工都能好好分享自己的宝贵经验，大家互相学习、互相砥砺，无疑会出现教学相长、共同进步的好结果。遗憾的是，大多数员工坚信职场险恶，不愿意做与人分享的“傻子”。单从思想上动员或者组织一两次内部经验交流会，无法让员工们转变态度。只有健全而合理的制度，才能让大家敞开胸怀、相互学习。华为的“全员导师制”就是在这种背景下诞生的。

华为的“全员导师制”有以下几大特征：

第一，华为导师实行轮流制，有时候一年一轮，表现优异者将获得优先晋升的机会。这意味着包括销售、客服、行政、后勤等部门在内的所有华为员工都有机会担任导师。

第二，导师通过“一对一”的方式对新进华为的员工进行指导培训，让新人培训更加有针对性与实战性，不再留下培训死角。

第三，每一名华为导师必须同时具备出色的业绩与高度认同华为文化两个基本条件，而且每位导师最多只能带两名新员工。这是为了确保他们有充足的时间和精力来提高教学质量。

第四，导师不仅在业务上要发扬“传帮带”的传统，在思想上和生活上也对新员工有指导和照顾的义务。这有点像过去国有企业的师徒制度，但又更加灵活。

第五，公司从物质上加强对导师的激励，对每一位担任导师的华为员工增发每月300元的导师补助，并且定期评选优秀导师，奖励500元。

第六，华为导师都是从优秀员工中选拔出来的，只看能力，不论资历，能上能下。新员工如果表现出众，会被破格提拔，成为工龄更长的老员工的导师。

第七，华为导师对自己培养的徒弟负有连带责任。如果徒弟犯了错误，导师也会被连带追责，甚至降职。

第八，“全员导师制”与所有华为员工的升职挂钩，没担任过导师的员工不会被提拔为干部，而不愿继续担任导师者将丧失晋升的资格。

从上述八个方面可知，华为的“全员导师制”突破了传统师徒制的小圈子，试图让每一位员工有机会扮演学生与导师的角色。而且“全员导师制”有着明确的责任要求，以及相应的激励措施。更重要的是废除了传统师徒制的论资排辈习惯，让导师选拔范围变得更广，对新老员工的激励更有力度。

华为“全员导师制”实际上已经超出了新员工培训的范畴，在某种程度上可以视为公司各个岗位接班人的培养制度。

华为总裁任正非在1995年的一次讲话说中提出：“每一位干部都要认真地培养接班人。我们的事业要兴旺，就要后继有人。工作成绩优秀的干部，在接班人培养上搞不好，就不能提拔，否则您走了，和尚如何吃水？我们要有博大的胸怀，培养我们事业的接班人，只有那些公正无私的人，才会重视这个问题。只有源源不断的接班人涌入我们的队伍，我们的事业才会兴旺发达。这些接班人中，应包括反对过自己而犯错了的同志。没有这种胸怀，何以治家？不能治家，何以治天下？”

他在1998年的讲话《小改进、大奖励》中还提出：“千千万万的员工都会成为各级岗位的接班人。群体性的接班是我们事业持续发展的保障。”

员工培训是为了让新入职的人才更好地成长。华为“全员导师制”不局限于单个员工的培训，而是把“群体性的接班”立为员工培训的目标。这种独树一帜的人才培养机制，可以有效加快新员工融入公司的速度，也能让老员工通过担任导师而树立更高的责任感与使命感，在“学生”面前起到模范带头的作用。

在中国企业联合会、中国企业家协会主办的2016中国企业500强发布暨中国大企业高峰会上，华为技术有限公司排在第27位。这家高科技公司每年推出的技术专利非常多，甚至让全球市值第一的名企苹果公司反过来支付专利使用费。华为在技术上的不断突破，一方面是因为公司坚持以技术为本，另一方面与其特有的“全员导师制”是分不开的。

基层篇

阿里巴巴的一线员工管理体系

阿里巴巴创始人马云历来倡导“客户第一，员工第二，股东第三”的独特观念。
为了贯彻这个企业管理纲领，
阿里巴巴集团始终高度重视基层一线员工的工作生活，
力求最大限度地激发基层员工的潜力，
通过无数员工个体的成长来推动集团的整体成长。

在用人方针、激励措施、绩效考核以及员工关系管理方面，
阿里巴巴费尽心血，
致力于让优秀员工能够在充满温情与激情的环境中实现“快乐工作”。
其终极目标是成为令公司里所有基层员工都高度认同的世界最佳雇主。

第五章

用贤标准：把特点各异的人组合成梦之队

世界上有多才多艺的多面手，但不存在十全十美的完人。公司招聘的人才再优秀，也不可能毫无短板。凡是能力出众的人才，多少都有点特立独行，如果按照常规的方法来管理，可能达不到预期的效果。

不过，完美的人不存在，完美的团队却是存在的。有句老话叫：“君子用人如器。”说的是君子应该像使用器皿一样，根据大家的长处和短处来用人。通过合理搭配人才，让不同的员工长短互补、共同进步，发挥更大的效能。

阿里巴巴的用人标准不拘一格，并不局限于从同行中挖掘人才。而且阿里巴巴并不欣赏那种孤芳自赏、难以合作的个人英雄，而是推崇各尽所能、并肩作战的明星团队。马云为此提出了一套“野狗和小白兔”理论，公司还借鉴解放军的组织形式在各级部门设置了“政委”。

只要岗位匹配，用人可以不拘一格

用人之道在中国传统文化中始终是一个重要话题。比如，三国学者刘劭的著作《人物志》是我国古代一部人才鉴定学专著，而魏晋时期的九品中正制就是通过考察人们的家世、德行、才能来评定人才等级的选才制度。事实上，用人之道对企业管理的影响丝毫不亚于治国平天下。

人力资源管理工作是一个庞大的系统工程，但归根结底都是在解决“用人”问题。企业文化价值观决定了公司需要什么样的人才，人力资源战略规划则是告诉大家怎样获得所需的人才，招聘是为了搜求相关的人才，培训则是为了让这些人才融入公司。毫不夸张地说，前面一系列的烦琐工作都是为“用人”二字服务的。

从上述基础工作中，我们大致能看出一家企业的用人之道，并能根据其用人之道来评估其发展势头。

有的公司把学历和专业背景视为用人的首要标准，那些业务能力很强但学历不高的人可能会被淘汰。有的公司觉得院校派都是书呆子，热衷于招聘敢于打擦边球的低学历草根。这些都是由不同企业的发展思路所衍生出来的差异化用人之道。在一定的环境与发展阶段能发挥作用，但超出这个范围时将不再适应新形势。

除此之外，创业小公司与知名大企业的用人之道往往也相差十万八千里，车走车路，马走马路，各有各的活法，也各有各的优缺点。

通常来说，一个公司在不同的发展阶段应该采取相应的用人之道。但具体该如何落实，家家有本难念的经，更多还得靠自己摸索。在摸索过程中，少不了要走弯路。阿里巴巴就曾经在用人问题上经历过辉煌，也遇到过教训。

阿里巴巴最初的创业十八罗汉，有大学教师、资深媒体人，也有技术人员和年薪百万美元的投资管理专家。

蔡崇信回忆说，他之所以辞去优越的工作加入阿里巴巴，是因为他觉得这个团队非常有潜力，马云的领导能力很强，不同背景的队友可以优势互补，大家抱着相互尊重、取长补短的态度进行合作。在蔡崇信看来这简直是一个“梦之队”。事实证明他的判断没错，十八罗汉的确打出了一片新天地，奠定了阿里巴巴集团的发展基础。

但是，当阿里巴巴在1999年10月得到500万美元风险投资金时，转变了原先的用人方针。

阿里巴巴从香港和美国引进高学历的商业人才，取代了原先的高层管理团队。除了马云本人外，阿里巴巴另外11位高层管理者都是从海外引进的人才。此后，阿里巴巴还从国内外招聘了大量MBA（工商管理硕士），试图以此方式向国际先进管理经营靠拢。

结果其中绝大部分人因无法融入阿里巴巴的土壤而离开。事后，马云仍然坚持认为他们管理水平其实很高，只是当时的阿里巴巴是小庙，容不了大菩萨。

经过这段弯路后，阿里巴巴的用人之道也趋于成熟，一方面以当年的创业十八罗汉为核心班底，另一方面不断从外部引进与公司发展需要、文化价值观相兼容的各类精英。这个方针使得阿里巴巴历经风浪后依然保持稳定快速的发展，越来越壮大。

现在阿里巴巴的用人之道可以概括为一句话——只要岗位匹配，用人可以不拘一格。

比如，掌管阿里巴巴人力资源部十余年之久的阿里巴巴前任首席人才官彭蕾是十八位创始人之一，跟马云一样是大学教师出身。她慧眼识珠，从公司前台提拔了没有任何学历专业优势的童文红，创造了一段前台小妹成为集团副总裁的佳话。

彭蕾和马云都不懂技术，所以他们极力寻找业内顶尖的技术能人。彭蕾在2008年物色到了微软亚洲研究院的王坚，千方百计地说动他加入阿里巴巴，担任集团首席架构师，后来升任首席技术官。

马云在长江商学院读EMBA（高级管理人员工商管理硕士）时，认识了长江商学院教授曾鸣。曾鸣的丰富学识与清晰的战略头脑让马云大为赞赏，于是马云力邀他加盟阿里巴巴，做了掌控集团战略的参谋长。

最有意思的是阿里巴巴集团秘书长与首席风险官邵晓峰。他被招进阿里巴巴前是杭州市公安局刑事侦查支队一大队大队长，毫无商业经历。但马云看中了他的潜力，将其拉进阿里巴巴高层团队。

阿里巴巴有着独特的组织结构，为了给各个岗位配备最合适的人才。阿里巴巴高层从来不局限于从单一的渠道搜索能人异士，也时常大胆破格重用出乎意料的人。只要符合岗位需求，英雄不问出身和资历。这种不拘一格的用人之道让公司的选才余地更宽，也避免了所选人才不胜任的尴尬，是值得借鉴的成功经验。

用明星团队代替个人英雄

在19世纪和20世纪，独狼式的商业英雄比比皆是。他们的故事富有传奇色彩，成为励志读物的上好素材。但进入21世纪后，现代企业管理越来越复杂多变，单靠个人英雄的时代一去不复返。多种人才组合而成的团队逐渐成为企业竞争的主导力量。英雄与英雄的比拼已经让位于团队与团队的较量。

对于这股时代潮流，阿里巴巴一直有着清醒的认识。难能可贵的是，阿里巴巴从1999年成立之初就带有浓厚的集团竞争意识，坚持用明星团队代替个人英雄去征战商海。

如果按照传统的眼光看，马云无疑是一位个人特色鲜明的创业英雄，甚至有人用PS技术把他做成了财神的样子。然而，媒体和业界眼中异想天开的狂人马云，总是在各种场合说自己不聪明，自己不懂技术。

他曾经对一些创业者说："对所有创业者来讲，懂不懂技术不重要，重要的是有激情。不懂技术的人要学会尊重技术，你可以请世界上最懂技术的人来为你工作。直到今天为止，我都搞不清楚什么叫程序。正因为我不懂技术，心里没底儿，所以我请技术最好的人来阿里巴巴，我们合作得非常愉快。

几年前，我是阿里巴巴所有产品的检测员。我只会用电脑上网和收发电子邮件，连DVD怎么放都不知道，为什么去当检测员？因为我觉得技术人员的责任就是帮助不懂技术的人把技术搞得更简单，我们的技术人员搞出来的产品，假如我不会用，我相信80%的人也不会用。很多土老板根本不会用电脑，怎么来阿里巴巴？所以，我们要把简单留给别人，把复杂留给自己。”

由此可见，马云一直在回避舆论对自己的过度美化，不让自己染上个人英雄主义习气。因为他很清楚，人一旦被个人英雄主义思想所左右，团队精神就会被丢到脑后。所以，马云从来不搞不懂装懂，他非常欣赏和尊重其他团队成员的聪明才智，也一直强调团队的巨大作用。

当年刚创业时，他就相信阿里巴巴团队和团队所创造的文化是其他竞争对手无法拷贝的，就算公司的机器全部被毁，只要核心团队还在，干部队伍还在，整个集团就能东山再起。

阿里巴巴的一大基本信条是，互联网必须结束个人英雄时代，必须进入团队发展。为了打造一个强强联合的明星团队，阿里巴巴人力资源部多年来致力于在公司内部与外界物色各种正才、怪才、偏才、奇才。

尽管阿里巴巴一直强调用统一的企业价值观来教育全体员工，排除所有不认同公司文化的人才资源，但这并不妨碍阿里巴巴倡导团队成员多样化的政策。

单一的音符再多，也变不出生动美妙的交响乐；单一类型的人才再多，也构不成优势互补的团队。个人英雄时代的团队其实规模并不见得有多小，但除了领头人外，其余的人如同衬托个人英雄光辉形象的背景板，缺乏鲜明特色，团队作用微乎其微。所以，想要摒弃个人英雄主义习气，贯彻团队发展的道路，就必须容纳多样化的人才，让团队结构变得更加丰富多彩。否则的话，无法形成真正的团队效应。

当然，组织成员的多样化也可能带来更多的误解与冲突。每个人的思维方式与做事习惯不同，不经过磨合很难产生团队默契。由于成员之间差异太大而无法共存的案例并不罕见，这也是组建团队的一个关键问题。阿里巴巴强调价值观教育，正是为了解决这个矛盾。

在统一的战略下，公司各团队拥有较大的战术自主权。在统一的企业使命感召下，不同脾气与能力的人才多多益善，成员类型越丰富越好。将多元化的个性与多样化的才能汇成一股洪流，这是阿里巴巴完整的用人方针，也是打造多元一体的明星团队的有效途径。

独树一帜的阿里巴巴“政委体系”

俗话说商场如战场，不少企业都会借鉴军队的管理制度，对员工进行军事化或半军事化管理。还有的企业也模仿军队搞军训，以加强对员工纪律的掌控。在这个问题上，阿里巴巴开辟了一条与众不同的路子。一方面，阿里巴巴推崇“快乐工作”的企业文化，不搞紧张的军事化管理；但另一方面，阿里巴巴又比其他公司在借鉴军队成功经验方面走得更远，最主要的成果是效仿中国人民解放军的组织结构，在公司各层级建立了“政委体系”。

阿里巴巴的“政委体系”分为三个层级：最基层是城市区域的“小政委”，与区域经理组成搭档；中级政委则与高级区域经理组成搭档；阿里巴巴网站的人力资源总监就是“大政委”。

区域经理、高级区域经理的角色类似部队的军事主官，侧重业务方面的管理和决策。而各级政委的职能与部队政工干部相近，负责向员工传播公司的组织文化与企业使命，鼓舞员工的士气，在人力资源方面为各级区域经理提供有效保障。从这个方面来说，阿里政委的职能又比部队政委的多一些。他们既主持各级单位的思想教育工作，也是各级人力资源管理负责人。

按照业内的通行标准，平均每60—80名员工配备一名人力资源管理专员。而在阿里巴巴，平均每40名员工就配备一名阿里政委（相当于人力资源管理专员与企业文化教育专员的混合体）。可见，阿里巴巴单是在人力资源管理队伍建设上的投入就大大超过其他同行。

这套在互联网行业独树一帜的“政委体系”发端于2004年年底。当时阿里巴巴已经成立了5年，正在尝试整合雅虎中国等资源，企业层级不断增加，跨区域发展势在必行。当一个公司进入这个阶段的时候，最头痛的问题就是如何确保公司发展战略和价值观继续得到贯彻落实。

创业之初，公司仅有的十几个人在一个会议室里就能把分歧争论清楚，及时统一思想和步调。但随着业务种类的增加，单一的创业团队必然会分化成多个掌管不同业务或不同区域的团队。虽然每个团队的领导是熟知公司战略和使命的创始人，但其下属的来源是多种多样的，对企业文化的理解水平相对较低。组织规模越大，人力资源越雄厚，管理者和员工的思想也会随之变得更为复杂，对公司的文化、使命、战略的理解力也会不断下降。

但是，由于每个团队在业务上有着较大的自主权，总部如果不注意监督管控的话，人心会越来越散，战略执行会越来越困难。

马云曾经组织集团高层看军旅电视剧《历史的天空》，要求高层管理者认真学习人民军队政工干部做思想工作和挖掘战士潜力的技巧。他与其他创始人也都意识到，公司需要想办法加强凝聚力，以免跨区域发展稀释掉企业文化的价值观，让集团内部各分支渐行渐远。为此，阿里巴巴高层让当时的首席人才官彭蕾建立了这套被称为“阿里政委体系”的人力资源管理机制。

有人戏称阿里政委是“阿里锦衣卫”，其实阿里政委平时的角色更像是“居委会大妈”。

阿里政委们突破了传统人力资源管理者的角色，像部队政委一样狠抓思想价值观教育，像居委会大妈一样每天关心团队成员的生活状态。也就是说，阿里政委担负着企业与员工关系管理的重任，通过及时发现员工的问题并为之排忧解难来营造良好的团队氛围。这也是对阿里巴巴“笑脸文化”的最好诠释。

按照彭蕾的指示，阿里政委们不光是关注员工动态，还要跟着集团所有的业务走。他们不光会讲企业文化课，跟员工进行感情联络，同时也是业务上的内行。

每个阿里政委都要熟悉一线市场业务，了解部门团队需要什么样的人才，了解公司员工需要提高哪些方面的能力。唯有这样，才能更好地配合部门业务负责人完成公司的目标，为各级单位源源不断地输送相应的人才资源，激励所有部门团队成员的工作热情。

总之，阿里巴巴集团的发展壮大，离不开坚持执行了近十三年的“政委体系”。这是阿里巴巴对中国本土人力资源管理思想做出的重要贡献。

阿里链接：杀掉“野狗”，淘汰“小白兔”

在一个组织中，最理想的人才是既有出众的业绩，又能严守纪律，且富有团队精神。然而，这样的员工终归是少数。有些人虽然能出成绩，但纪律性较差；有些人纪律性较好，但业务能力平平。大多数人则介于两者之间，业务能力和纪律性都在中等。

公司应该采取怎样的取舍标准来用人呢？阿里巴巴给出的答案是杀掉“野狗”，淘汰“小白兔”。

马云曾经在公司内部演讲中提到：“做事一定要结果，但如果是以纯结果为导向，不注重团队和游戏规则，不注重原则，我们称之为‘野狗’。业绩很好，价值观很差，这些是一定要杀掉的，今后你在自己的团队里也要做到。还有一些人，文化特别好，特别善于帮助别人，但业绩不行，我们称为‘小白兔’，也得杀。杀‘小白兔’心里特别难受，因为他们都是好人，但你不杀，就永远不能治理好一个企业。”

在阿里巴巴的理论体系中，“野狗”指的是那种两头冒尖的人物，有很好的业绩，却不遵守公司纪律，也不认同公司价值观；“小白兔”指的是遵守公司价值观，富有团队精神，但业务能力实在达不到要求的庸者。

从某种角度来说，“野狗”就是才胜于德的人，“小白兔”就是德胜于才的人，两者都是偏才，只能满足公司的一种需求。

一般的企业总是会从中二选一。信奉只问结果不顾过程的唯业绩论的公司，会保留业绩出色的“野狗”，淘汰对业绩增长毫无贡献的滥好人“小白兔”。这种企业的行事作风不拘小节，员工迟早都会养成为了业绩不择手段的思维方式。有些特别讲究规章制度的公司，会保留“小白兔”作为教育员工的道德模范，淘汰破坏公司制度的“野狗”。这种企业重视社会责任，讲究内部团结与人情味，但办事效率恐怕不会太高。

“小白兔”占主流的公司总是会在残酷的市场竞争中率先被淘汰出局。至于“野狗”占主导地位的公司，虽然能在短期内获得较多成果，但不择手段拉业绩的做法，会引发很多后续矛盾，最终让公司危机四伏。况且，“野狗”型员工的忠诚度基本上维持在低水平，在公司危难之时拔腿就跑也不是什么奇怪的事情。

因此，阿里巴巴采取了最不留情面的做法，把“野狗”与“小白兔”通通淘汰出局，只保留业务与价值观并重的员工，即传统意义上“德才兼备之人”。

阿里巴巴之所以这样做，主要是因为以前吃过亏。在2001年互联网泡沫泛滥时期与2003年“非典”爆发时期，阿里巴巴有不少业绩突出的员工纷纷跳槽到竞争对手那边。此举无疑让阿里巴巴雪上加霜。谁知公司最终挺过了这些低谷期，取得了长足的进步，于是有不少此前退出的人试图重返阿里巴巴。

阿里巴巴历来坚持“企业的成长靠员工的成长”的观念，高度重视员工的力量。但员工这种试图去而复返的行为，让马云等人意识到用人不能只看业绩而忽略价值观。

“野狗”型员工只是在顺境下发挥作用，为公司带来业绩。但他们无视规则与过程，给其他员工带来了不良影响，从而导致团队协作效率大幅度降低。到头来，就算他们个人业绩很好，也抵消不了团队整体业绩下滑带来的损失。况且，他们的忠诚度低，并不会跟公司同甘共苦，只是想着摘胜利果实。

想要发扬阿里巴巴引以为豪的团队精神，“野狗”型员工自然是越少越好。相对而言，淘汰“小白兔”型员工就让人多少感到惋惜。

马云曾说：“有价值观、没有业绩的称为‘小白兔’，一个公司‘小白兔’多了以后，那就是一种灾难。如果不灭掉几个‘小白兔’，这个公司就不会前进，不会进步。”

“小白兔”型员工是企业文化价值观的忠实执行者，同时在团队中也乐于助人。单从这个角度看，他们的存在对团队整体发展是有利的。然而，业务能力的短板使得他们的优点完全被抵消了。

纵然“小白兔”型员工乐于帮助队友，但他们自己的工作一塌糊涂，给队友的帮助也是极其有限的。假如不淘汰这类人的话，整个团队都不得不把大量精力浪费在为“小白兔”型员工收拾残局上，没有多余的力气朝更高的目标发展。

总之，阿里巴巴的用人之道不仅要求员工能兼顾能力（才）与价值观（德），还从组建精英团队的角度来选用人才。只要业务水平达标并且恪守公司的文化价值观，无论该员工有哪些缺点，阿里巴巴都将其视为可塑可用之才。

拓展阅读：以奋斗者为本的《华为基本法》

华为集团在2007年的某个内部文件中有这样一段话：

“历史和现实都告诉我们，全球市场竞争实质上就是和平时期的战争，在激烈竞争中任何企业都不能常胜，行业变迁也常常是翻云覆雨，多少世界级公司为了活下去不得不忍痛裁员，有些已消失在历史风雨中。前路茫茫充满变数，非常不确定，公司没法保证自己能长期生存下去，因此不可能承诺保证员工一辈子，也不可能容忍懒人，因为这样就是对奋斗者、贡献者的不公平，这样对奋斗者和贡献者就不是激励而是抑制。幸福不会从天降，只能靠劳动来创造，唯有艰苦奋斗才可能让我们的未来有希望，除此之外，别无他途。”

这份名为《关于近期公司人力资源变革的情况通告》充分反映了一个具有华为特色的观念——“华为没有任何可依赖的外部资源，唯有靠全体员工勤奋努力与持续艰苦奋斗。”

一言以蔽之，一切以奋斗者为本，这就是著名的《华为基本法》的中心思想。华为定义的“奋斗者”包括了员工与投资者，而“奋斗”的范围除了一切为客户创造价值的大小工作外，还包括充电学习等活动。

总体而言，只要努力提高自身水平，为客户提供更好的服务，让公司在市场中的竞争力得到进一步的强化，都是“奋斗者”的义务。而为这些“奋斗者”提供更多的激励政策与保障措施，正是《华为基本法》的出发点和落脚点。

无论多么伟大的事业，都是由一个个人按照分工合作来共同完成的。人性是复杂的，并不能一直保持努力奋斗的精神劲头。《诗经》里有句话叫：“靡不有初，鲜克有终。”一个人乃至一个组织，都很难避免虎头蛇尾的毛病。刚开始大家活力满满、激情洋溢，做事能投入100%甚至更多的努力。但时间一久，人对工作的热情和兴趣会下降，组织的活力也逐渐衰退。散漫与懈怠将在公司每一个角落蔓延，整个企业组织不再像最初那样积极进取，运作效率也大大降低。

这是所有企业都必然要面临的问题。有的公司能及时调整，让组织以及组织中的人都能不断保持积极性。有的公司应对不当，结果导致组织走向瓦解。

华为最骄傲的成就之一，就是在2008年全球金融海啸中不但没有像其他国际电信巨头那样业绩缩水，全球销售收入还逆流而上，比前一年增长了42.7%。这个成绩在很大程度上依赖华为海外员工的努力奋斗。而华为海外员工的斗志是靠合理的激励机制来实现的。

按照华为内部的规定，到越艰苦的地方工作，薪酬就越高。华为一直坚持国际化发展战略，其销售额75%来自海外市场，主要集中在亚洲、非洲、拉丁美洲的国家和地区。在非洲一些国家工作的华为员工，不仅要面对非常落后的基础生活环境，甚至可能遭遇战乱。但他们的薪资待遇比国内同等职位的员工要多一两倍，甚至更多。因为在华为高层看来，他们接受了公司交与的艰巨任务，是艰苦奋斗精神的实践者，理应获得更高的回报。

由于国际上的优质市场大多被外国名牌占领，华为只能采取“农村包围城市”的战略，在世界上偏远、动乱、自然环境恶劣的地区寻找机会。这使得华为在国际化发展过程中遭遇了很多挫折。

比如，在非洲刚果（金）的华为集团办公室墙上有子弹留下的痕迹，还有许多海外员工经历过抢劫和疟疾。这些员工里有中国人也有外国人，他们都是华为“以奋斗者为本”精神的贯彻者，赢得了亚非拉各国当地政府和人民的尊重。

对于这些承担最艰难市场开拓任务的“奋斗者”，华为都给予了同类职位中的最高待遇，以表示对优秀员工的敬意。为了让全体员工向“奋斗者”学习，继续发扬长期艰苦奋斗的作风，华为集团才制定了这部别具一格的《华为基本法》，以规章制度的形式来激活整个企业组织的活力与积极性。

当然，以奋斗者为本的理念追求的是给广大“奋斗者”合理的回报，而不是片面地抬高“奋斗者”的利益和地位。因为那样会给公司运营带来过高的成本，最终影响到研发、生产、销售、客服等各个环节，让公司因不堪重负而衰退。对于一心为壮大公司而努力的奋斗者来说，这恰恰是最坏的结局。

华为的人力资源管理追求的是可持续发展。想要保障公司和广大奋斗者的可持续发展，就应该在制定政策时注意合理与适度。重用奋斗者，优待奋斗者，信赖奋斗者，但不惯坏奋斗者，不牺牲长期利益来一味拔高奋斗者的短期利益。这才是华为的用人方针。

第六章

激励措施：激励不到位是管理者的耻辱

想要人才对所在公司死心塌地，要花招是没有用的，唯一的途径就是改善公司的激励措施。管理学中有专门的激励理论，核心思想就是通过满足员工的各种需求来调动他们的工作积极性。既想马儿跑得快，又想马儿不吃草，是不少企业管理者的做法。这种短视的做法必然会挫伤员工的积极性，导致企业无法突破较低的发展水平。

在马云的倡导下，阿里巴巴致力于从多个方面激励员工的士气，既有精神目标层次的激励，也有物质利益方面的保障。阿里巴巴的目标之一是在公司内部培育出一万名百万富翁。这个宏伟目标也从侧面反映出了集团在激励措施上做出的努力。

告诉员工：我们在做不平凡的事

阿里巴巴最富有传奇色彩的故事就是，十八位创始人（被媒体戏称为十八罗汉）辞去原先稳定的高收入工作，住民房、吃泡面，每月只领微不足道的500元工资，一起共同创业。

比如，阿里巴巴集团总裁金建杭在加盟阿里巴巴之前曾经在浙江日报社、国际商报社、外经贸部中国国际电子商务中心等机构任职，是外经贸部官方站点的首任主编，是一位很成功的媒体人。

然而，当创业失败的马云团队在1999年春节从北京回杭州后，金建杭却做出了一个看起来很疯狂，但结果十分成功的决定——辞职跟随马云到杭州做前途未卜的创业。无论从哪个角度看，金建杭的胆识和眼光都超乎寻常。

彭蕾曾经历任阿里巴巴人力资源部副总裁、市场部副总裁和服务部副总裁，被许多媒体视为阿里巴巴的第二号人物。舆论还将她与雅虎的CEO梅耶尔、Facebook的COO雪莉·桑德伯格并称为“全世界互联网公司中最重要的三位女性高管”。

彭蕾加入阿里巴巴的经历比较特别，她当初是浙江财经学院（2013年升格为浙江财经大学）的教师，由于丈夫孙彤宇想与马云进京创业，彭蕾便辞去收入稳定、压力较小的大学老师工作，成为工号007的阿里创业元老。后来马云团队铩羽而归，她也依然在杭州追随马云创业，成为十八位创始人之一，执掌阿里巴巴集团人力资源管理部门十几年之久。

相比之下，阿里巴巴董事会执行副主席蔡崇信加入阿里巴巴的事迹更令人感到不可思议。

蔡崇信持有耶鲁大学经济学及东亚研究学士学位和耶鲁法学院法学博士学位，他在香港第一次见到马云时，就已经是拥有70万美元年薪的跨国公司副总裁及高级投资经理。当时阿里巴巴尚未正式成立，但蔡崇信被马云团队的创业热情所感染。他第二次来到杭州，与马云在西湖划船时提出希望加入阿里巴巴，据说马云惊讶得差点跳进湖里。

别说其他人了，就连马云都对此感到不解，因为1999年的阿里巴巴是个典型的“三无团队”，没有显赫的背景，没有成功案例或足以说服投资家的财务数据，甚至连互联网行业最重视的技术优势都没有。马云和其他“十七罗汉”都住民宅、吃泡面，每个月只有500元的工资。按照当时的汇率，70万美元年薪与6 000元年薪之间的差距在今天看来也很大，也难怪别人第一反应是蔡崇信疯了。

但是，蔡崇信有着风险投资家的老辣眼光，看到了阿里巴巴创业团队的隐形优势。如今，他被媒体誉为“马云成功背后的男人”，是集团幕后的二号人物。

上述传奇故事仿佛是营销号编造的职场心灵鸡汤，却实实在在地发生过。在今天，大家普遍认为大谈“情怀”和“理想”的企业只是在忽悠员工做廉价劳动力。但阿里巴巴用事实证明，真正的创业者情怀是可以让高端人才暂时放弃短期利益，共同披荆斩棘的。

正如曾鸣教授所说：“如果有可能，人才超前配备肯定是有好处的，这个超前配备不是靠钱吸引来的，的确是靠使命和愿景吸引来的。这个中间，马云能够很早吸引蔡崇信，后来吸引我啊、卫泽啊这批人来，的确是因为这个事情本身特别有意义，然后马云是真正的相信这件事情，我们也相信这个事情，然后大家才能走到一起来。使命、愿景、价值观这个东西的确是吸引人的关键。”

阿里巴巴一直是一个理想主义色彩比较浓厚的企业，从创业之初至今，一直在用企业使命与愿景来激励员工不懈奋斗。不同于空谈理想的普通企业，阿里巴巴在物质方面也非常厚待员工，只不过更重视目标激励法罢了。

目标激励法指的是为公司上下树立一个目标，以此刺激全体员工朝着该目标努力。通过不断提升目标，员工就会产生更强烈的事业心，把企业使命当成自己的理想。

马云曾说：“阿里巴巴的团队文化里有一句话——我们都是平凡的人，在一起做一件不平凡的事情。我们可以把别人当成精英团队，把百度、谷歌当成精英团队，但我们是平凡的团队，我们要做不平凡的事情。”他在阿里巴巴内部讲话时经常提到这个观点。这就是对目标激励法的灵活运用。

按照马斯洛需求层次理论，人类最高层次的需求是自我实现的需要，即施展个人抱负，做一些能青史留名的非凡功德。但绝大多数人都是平凡的，很少有机会能干一番大事业。阿里巴巴则反复告诉全体员工：大家虽然都是平凡的人，却在齐心协力做着不平凡的事业，开创互联网行业中前所未有的局面。

因此，阿里巴巴十八罗汉能在没有任何优势的困难条件下走到一起，为共同的远大理想而奋斗不息。这股强大的精神力量不仅成就了今天的阿里巴巴帝国，并将继续激励着后来加入的员工贯彻“打造102年的公司”的宏伟目标。

“中供铁军”：树立“阿里味儿”最浓的榜样示范

人类社会喜欢为英雄伟人树碑立传，因为他们的事迹能激励更多的人为社会做贡献。企业管理也是如此，通过树立榜样来教育全体员工如何发奋创业、如何履行企业使命，枯燥的价值观宣传会变得生动形象，员工更容易得到充分的激励。因此，人力资源管理者应当善于从公司内部寻找模范，通过树立典型来激励众人效仿榜样。

阿里巴巴集团中，有一支历史最久、根基最深、功绩最多的团队扮演着榜样角色。人们称呼这支团队为“中供铁军”。

“中供铁军”是阿里巴巴“中国供应商”项目直销团队的昵称。据说这是保留了最完整、最原始“阿里味儿”的公司团队，也是马云最喜爱的阿里团队。毫不夸张地说，没有“中供铁军”，阿里巴巴帝国就成长不起来。更令人惊叹的是，如今大半个中国互联网行业的“CXO”都出自这支团队。

比如，大众点评原COO吕广渝、美团网原COO干嘉伟、滴滴出行创始人兼CEO程维、去哪儿网COO兼大住宿事业部CEO张强（曾经几次获得阿里巴巴全国销售冠军）等。

而阿里巴巴高层管理团队中的彭蕾、戴珊、蒋芳、金媛影、吴敏芝、余涌、孙利军、方永新、童文红等人也出身于“中供铁军”。其中彭蕾、戴珊、蒋芳、金媛影都是创业十八罗汉之一，其中彭蕾、蒋芳、方永新都是阿里巴巴的人力资源管理的资深专家。

由此可见，“中供铁军”对阿里巴巴及中国互联网行业的贡献超乎人们想象。

阿里巴巴以B2B业务起家，在2000年推出了“中国供应商”服务项目，设有永康、杭州两个联络点。“中国供应商”服务项目直销团队最初还不到10人，公司制度与企业文化价值观都还没成型，市场还没打开。但“中供铁军”奋勇创业，奠定了阿里巴巴后来的业务、价值观、组织结构基础。

由于阿里巴巴在多个领域保持着高速发展的状态，集团的人才需求变得十分迫切。马云曾在内部讲话中感叹道：“我们阿里巴巴面临着巨大的挑战，这个挑战来自哪里呢？我们的团队现在被稀释得很厉害，公司在高速成长，淘宝需要人，支付宝需要人，阿里软件需要人，雅虎需要人，它们第一个想到的就是到阿里巴巴来拿。所以，我们今天这个管理团队的干部就被稀释得越来越厉害了。但是我们没有办法，我们不得不往前走，不得不把阿里巴巴的干部投入淘宝、投入支付宝、投入其他公司。”

在这个背景下，“中供铁军”里的许多功勋元老被派往各个区域市场，成了阿里巴巴集团的“火种”。直到今天，不知换了多少批人的“中供铁军”依然保持着当年阿里巴巴最初的精气神。

“中供铁军”之“铁”主要表现为三点：

一是团队有铁的目标，把完成公司目标视为一种荣誉。假如没能完成目标，虽然公司不处罚，但“中供铁军”成员自己会引以为耻，更加发愤图强。

二是团队有铁的纪律，无论职务、收入、地位如何，都坚决执行组织的指示，不违反公司价值观，不踩高压线。

三是团队有铁的意志，无论身处何种逆境，都坚定不移地排除万难，争取最后的胜利。

现任阿里巴巴集团CCO（首席客户服务官）吴敏芝说：“中供铁军不是一种商业模式，而是一种文化。所以不管遇到什么困难，铁军的精神是永远不会变的。”尽管阿里巴巴的企业文化有了很多变化，但“中国供应商”项目直销团队留下的铁军文化依然是阿里巴巴企业文化体系中最坚实的内核。因此，马云才认为“中供铁军”是保留了最完整、最原始“阿里味儿”的公司团队。

2016年10月10日，阿里巴巴在杭州、北京、上海、广州、郑州召开了“中供铁军”十五周年盛典。杭州是主会场，其余四城是分会场，整个庆典通过优酷网络同步直播。

吴敏芝、余涌、孙利军、方永新等阿里巴巴高层管理干部坐镇杭州主会场，此外还有“中供铁军”现役队员代表、调往其他岗位的“前橙老兵”代表、十二位“十五年陈”的老客户与他们一同回忆“中供铁军”往昔的功绩，畅谈阿里巴巴当下的发展，并展望集团的未来。

这次活动的召开让“中供铁军”的优良传统在整个阿里巴巴集团得到了很好的传播。在榜样示范力量的激励下，阿里巴巴其他团队也你追我赶、力争上游。公司的抗风险能力与发展速度得到了长足的进步。

以股权激励赢得人心

马云在2007年12月11日的“五年陈”大会的演讲中说：“五年前，你跟人家说你是阿里巴巴的员工，人家可能会往地上吐口痰；而今天，你说自己是阿里巴巴‘五年陈’的员工，你拥有多少股票，人家看你的眼光就彻底不一样了。但是，你没变，你还是你。”

这句话提到一个重要信息，在阿里巴巴工作满五年的员工（即“五年陈”）普遍持有公司的股票。

现代企业管理理论强调从多方面激励员工，股权激励是其中一种非常重要的手段。公司从所有股份中划出一定比例的股份，以特惠价格购买或直接赠予等方式奖励那些贡献突出的优秀员工。这样一来，获得股份的员工就成了公司的股东，可以得到定期的公司分红。假如公司利润增长很快的话，持股员工的资产也会迅速飙升，远远超过其他收入总和，变成一个百万富翁也不是什么稀奇的事。

迄今为止，国内外许多知名企业都采用了员工持股的激励方式。比如，连续三年位居世界500强榜首的零售业巨头沃尔玛集团，从20世纪70

年代就推出了员工购股计划，即员工能通过扣除工资的方式以低于市值15%的价格来购买公司的股票。到目前为止，80%以上的沃尔玛员工持有公司股票。

华为集团崇尚“以奋斗者为本”的理念，用股权激励奋斗者也是情理之中的选择。共有20万多名员工的华为虽然没有上市，却有6万多名股东。由此可知，该公司的持股者比例也相当可观。

奇虎360集团在2015年5月6日和酷派集团共同投资创办了360奇酷。同年12月8日，360董事长周鸿祎通过内部邮件启动奇酷员工股权激励计划。该计划的主要内容包括：首次授予股权占授予员工总股权60%，员工无须出资购买；其余40%为业绩优秀员工再次授予预留。

可见用股权来激励员工奋斗热情的在全球范围内都十分流行。马云希望阿里巴巴吸取这些成功经验也是理所当然的事情。但在实际操作中，阿里巴巴董事会内部对此的分歧非常严重。

蚂蚁金融服务集团CEO彭蕾在接受《财经》杂志记者采访时谈道：“我们决定先把40%的股票分给员工，原因是当年我在阿里巴巴集团当CPO（首席产品官），马云和董事会最大的分歧就是每年给员工的奖励和期权，每年虎口拔牙，非常痛苦。这是他和董事会吵架最多的。所以我们这次决心先把股权拿出来，一劳永逸。”

马云认为每年应该给优秀员工奖励公司股份，但阿里巴巴原先最大股东软银集团的董事长兼总裁孙正义不赞成。两个人的争论非常激烈，后来导致马云为首的管理团队通过VIE与合伙制从软银、雅虎两大股东那里赢回了对集团的投票权。

双方之所以意见相左，主要是因为股权激励法对员工的影响存在两面性。

员工持有公司股份，为了让自己手中的股票升值，获得更多的公司分红，他会怀着主人翁意识，以强烈的使命感来推动公司的发展。

这是马云的认识，也是沃尔玛、华为、奇虎360等公司推崇的做法。从结果来看，阿里巴巴把40%的股票拿出来分给优秀员工，加大了对员工的激励力度，也强化了集团内部的向心力与凝聚力。不少阿里员工的财富有较大幅度的增长，阿里巴巴也因员工士气振奋而大受裨益。

员工因持有公司股份而获得了大量红利，收入超出了原本的工资，于是觉得没必要累死累活地工作，开始混日子。

孙正义最担心的就是这种状况，于是强烈反对让大量阿里巴巴员工持股。他的忧虑与软银的教训有很大关系。软银刚成立时和所有创业公司一样开不起高薪，于是只好用股权来激励员工。一年以后，软银成功上市，所有拿了股票的员工都成了身家上百万甚至几千万美元的富翁。于是有不少员工懒得干活，把精力用在买房子、炒股票上。

雅虎也出现过一模一样的情况，所以杨致远和孙正义一样不赞成员工持股，害怕阿里巴巴重蹈覆辙。

马云并非不清楚这点，他在一次内部会议中告诫阿里巴巴管理团队：“假如管理层的眼睛盯着的是股票，那么管理层就应该换掉。管理层的眼睛盯着的是客户需求，是员工，是企业怎么渡过难关，这才是优秀的管理层。”但他坚持认为应该对优秀员工进行股权激励。当然，他也没有忽视孙正义和杨致远的善意提醒，在内部讲话中多次批评那些把心思都放在股票上的员工。

他曾对工作5年以上的老员工说：“有一种股票是炒买炒卖、做短线的，今天科技板，明天化工板，后天外贸板，如果一家公司的股票被这么炒过，那它自己也被炒糊涂了。因为任何一粒种子被炒过以后，就不可能再发芽了。股票猛涨时，管理层、创业员工都欣喜若狂，突然掉下来，又无比沮丧，这样折腾几下，这家公司就废了。

“……

“除了短期持有的股票，还有一种股票是作为中长期投资的。回报率一般是5%—7%，好的话能达到10%，这取决于行业、产业和整个公司运营的竞争环境状况。有些公司的股票可以长期持有，留给子孙后代。我有一个朋友参加了巴菲特的股东大会，他说15年前，他爸爸给了他10股股票作为生日礼物，100美元一股，一共1 000美元，现在这10股股票已经值2.8亿美元了。他现在又把这2.8亿美元变成了基金，留给子孙后代，让他们可以永远靠这些钱生活。”

马云说这番话是为了点醒全体员工，不要因为拿到了公司股票就贪图享乐，丢掉艰苦奋斗的精神，应该为子孙后代做长远打算，更加努力地去提升公司的业绩，把手中的股票价值提升到更高的水平。这样对公司、对个人都有利，才能让股权激励计划获得双赢的结果。

阿里链接：不造首富，带动群富

你们去数一数20世纪80年代有多少万元户，有多少能坚持到现在的。那个时代的万元户是不得了的，我在1988年参加工作的时候，工资是89块钱。我们这些人中，现在有很多人认为自己拥有很多财富了，但这点财富不够让你们这辈子活得开心，也不能保证你们的子孙后代衣食无忧。我告诉大家，中国至少有60万家进出口企业，而我们才做了3万家，还有57万家，而且进出口企业的数量还在不断增长。我们离富有还太遥远，我们还有很长的路要走。当一个人自认为很富有的时候，他可能就开始走下坡路了。

……

我们要感谢这个社会，我们之所以取得今天的好成绩，不是因为我们如何聪明，而是因为我们运气太好。人如果不为自己的好运做一些事情，就一定会付出非常残酷的代价。所以，要对自己的好运气心怀感激。我们的财富难道不是在这里工作四年、三年、两年、一年的员工创造出来的吗？你们想想看，就凭我们这几条枪——这里的“五年陈”，大家扪心自问，可不可以使阿里巴巴集团发展到今天这样的程度？不可能，因为这是后面的人一棒接一棒努力的结果。

我们18个人，就算每个人像哪吒一样，也不可能做得更好。如果没有新人，公司怎么会有今天？所以，我们要感谢他们。在未来的三五年里，我会高度关注每个人为公司做出的贡献，尤其是“五年陈”，你们已经进入阿里巴巴关注的核心人群中，而你们也应该更努力地回报我们的客户。

我还希望所有的人积极地去做慈善，但我们不希望所有人都大张旗鼓、浩浩荡荡地去做。慈善不应该只停留在聚光灯下，而应该像做生意、像销售一样，必须落到实处，要注重结果。如果有可能的话，每个人哪怕是捐一块钱或十块钱，我们都要用这笔小小的钱去做一些我们认为对的事情。我们要懂得感恩，我们每个人获得现在的财富，不是因为我们自己有多好，而是因为我们够幸运。所以，我们要学会分享。

我们稀里糊涂地做了淘宝，支付宝在后面跟进。当我们跟eBay的竞争处于胶着状态时，雅虎投了十亿美元进来。当然，我们也付出了代价。我们聪明吗？不，比我们聪明的人有的是，当然我们也不傻。我们是很努力，我们也犯错，但犯错也是要讲运气的。

在整个大环境里，确实会有运气好的时候，也一定会有倒霉的时候。只有在运气好的时候冷静做事，才能在倒霉的时候避免灾难。在运气好的时候，如果我们不懂得感谢别人，不懂得感谢同事，不懂得感谢公司，认为自己什么都可以做，那倒霉的种子就埋下了。

我看过太多的公司、太多的人，基本上都是在运气最好的时候把倒霉的种子埋下去的，然后所谓的噩运就接踵而至。今天，我感谢大家，感谢公司，感谢中国，感谢电子商务，当然我也感谢我们的竞争者，感谢你们使我们更加相信自己。

让我们做出承诺，大家一起努力，帮助其他同事，为阿里巴巴集团创造1万个百万富翁。如果说现在有2 000股、3 000股、5 000股的人都能够成为百万富翁的话，那么现在你们有20 000股的人都变成了千万富翁。在帮助别人的时候帮助自己，帮助自己的时候帮助别人，我们公司绝对有这个机会，可以创造一个奇迹：中国一个公司就可以创造1万个百万富翁。

我觉得只有让后面的人先帮助我们现在的人富起来，再让后面的人也跟着富起来，这样才会形成一个良性循环。我不希望看见公司像杨致远和孙正义说的那样，会走软银、雅虎和eBay走过的老路。我想告诉大家，我们要证明给股东、董事会看，证明给竞争对手看，证明给世界看，我们会坚持为这个公司创造100个百万富翁。

一个优秀的员工，在股市下滑的时候照样会坚守。股市可能会出问题，在半年到一年以内，没有一样东西可以持续在高位运行。昨天我们是在启动上市的程序，但并没有正式决定上市。如果9月份、10月份股市出现暴跌，股灾出现，我们又不缺这个钱。不管股市出现什么风浪，我只想告诉大家，我们这个公司已经很值钱了。今天布的局会让我们走得更远。

（本文为马云于2007年7月29日在阿里巴巴“五年陈”大会上的发言的节选。）

拓展阅读：让“职场”变成“情场”

1. 阿里巴巴很普通

其实，阿里巴巴是一家很现实、很普通的公司。

当然，它也是一家特别富有理想主义色彩的公司。当前，人们对阿里巴巴的评论走向两个极端——要么神化，要么妖魔化。

外界评论说，阿里巴巴是个神话，是一个梦想驱动的公司，所有的员工都以公司为家，不知疲倦……种种这些在我看来是极端，也是误读。

因为今天所有的公司里，都少不了累，工作与生活平衡，理想和现实矛盾的问题，以及管理能力不足，员工觉得付出没有得到认可，跳槽情绪和意向……总之，一般企业存在的问题阿里巴巴也会有。

如果说阿里巴巴是一家有激情、有梦想的公司，我觉得说对了一半，激情和梦想是一直存在的，但也确实存在着这样那样让人不太开心的事情。

另一种极端是把阿里巴巴妖魔化，最常见听到一个词就是“洗脑”。外界说阿里巴巴特别会给员工“洗脑”，员工进入企业之后，一个个像打了鸡血一样，不知疲倦、不问回报，一门心思干活。

其实，我们不过是在管理上坚持了自己的价值观。如我刚才所说，我们希望员工实现心灵和工作的平衡。

2. 职场=情场

我很讨厌“职场”这个词，一说到这个词，生活马上变得很无趣，工作也变得没有血肉和情感。也许这是我的一种偏执理解，但“职场”这个词真的不能把我们的工作环境全面、丰富而完整地概括出来。

其中缺失的元素是什么呢？职场，除了是一个职业活动场所之外，还应该是一个情感交汇的场所。

我们可以算一下，我们的一生中，有多少时间是在工作的？我们和同事在一起的时间，是不是比和自己父母在一起的时间还要多？

如果说你和同事一起工作的时候，感受不到自己心灵的成长，感受不到快乐和丰富，感受不到自我成就的喜悦，那么工作将变得特别痛苦。

每天早上张开眼睛，想到又要和这些老面孔在一起，又要看上司的臭脸，还要面对一大堆让自己不开心的事情……能有什么动力叫自己起床呢？

所以，能不能有一些元素让我们的感受不一样呢？我们让“职场”变成“情场”。

外界听到这个说法，就会觉得阿里巴巴特别怪。他们会认为：“工作就是工作，在工作中付出后拿到回报，然后获得评价，该怎么样盖棺定论、秋后算账、奖赏惩罚，一笔一笔分分明明，这不就是工作吗？”

事实上，关注员工情感上的归宿，其实比大部分事情都重要。

3. 打造员工幸福指数

还有一个常见的词就是“神神叨叨”。我们在十周年的时候，提出“打造员工幸福指数”这个概念，这是受了什么刺激呢？

阿里巴巴隔一年做一次OES（组织成效）调查，最近的一次调查看得人忍无可忍，因为随着新员工年龄结构的变化，我们理解员工心理的能力很有限。

我们想知道，所有在阿里巴巴工作的人，他的幸福是由什么元素组成的。其实，提出这个指数，有点自找麻烦，因为这必然是一个无解的命题，幸福感本身就是一个无解的命题。

世界上最幸福的国家是不丹，该国旅游资源丰富，但是游客门槛甚高、费用不菲，因为不丹国民不希望被打扰。不丹不仅拒绝发展旅游业，也不愿意找一些其他产业来大力发展，由于封闭，国民普遍比较贫穷，同时宗教信仰非常普遍。

最幸福的国家和最幸福的企业之间，是否有互通的元素呢？从不丹的例子中，只能得出一个结论：幸福感是很主观的东西，所以，定一个指数相当是给自己上了套，但就算是无解，对阿里巴巴来讲，还是希望可以在寻找答案的过程中得到一些启示和方向。

4. 从HR转到业务后的感悟

今年（指2010年）1月份，我正式从工作了十年的HR部门转到了业务部门，如果给我的2010年定一个主题的话，我想最恰当的题目就该叫“弃文从武”。

以前站在HR位置上思考，现在站在业务位置上思考，以前在圈子内思考，现在在圈子外思考。

这个转变带给我很多的感悟和体会。其中有很多感悟看上去是矛盾的，但正是这些矛盾，成为我们追求进步的动力。

我最大的感受，首先在于：身在战略层，很难接到地气。

无论是以前做HR，还是做集团CEO，很多时候真的有点“站着说话不腰疼”。到了业务岗位我才发现，原来很多理想化的东西一定要和现实结合，所以奉劝各位HR，一定要想办法接到地气，否则真的很困难，更别提发挥HR的战略伙伴作用了。

5. 管理要触碰心灵

在我的HR生涯中，我曾是一个活在心灵世界中的人。两年前我有一个理想，就是希望能找到一种触碰人心灵的方式，促进员工个人以及带动团队、组织成长，从而带动业务的成长，进而给更多的人创造价值，让更多的人生活更美好。

可是怎样找到这种方式，以把员工心里向上的、积极的能量激发出来呢？怎样引导员工成为身心平衡的人，同时也非常积极、乐观和进取呢？

艺术能够触动人心里最根本的对美的渴望，但是人力资源管理工作与对美的渴望、对音乐乃至对其他艺术的享受，有关系吗？看上去似乎没什么关系，但是我特别希望，也相信我们能够在工作场所里，营造出一种氛围：不仅一起工作，同时也共同生活，共同享有相同的精神领域。

在这样的氛围下，我们的心灵是放松的，可以更清醒地认知周围的伙伴，更加热爱生活、同事和工作。尽管我们的工作依然每天朝九晚五，下班回家依然是筋疲力尽，但这所有的累都仅停在身体层面，我们的心里没有纠结。

这就是我曾经的美好设想。其实，追求一种触动人心灵的方式，让更多人有美好的生活，体现自我价值，这个理想早在几千年前就有了。

所谓的“修身、齐家、治国、平天下”就是这样一种理想。阿里巴巴的理想是什么呢？我们要成为一家创造1亿个就业机会，要帮助1 000万中小企业成长，为10亿消费者提供好的购物服务的公司。我们都有理想，无论是个人理想、公司理想，还是简单的理想或看上去很伟大的梦想，都要一点一滴地去构筑。

不过，接触到业务以后我发现，这个梦想只能是纯粹的梦想，是HR的渴望。

这半年中，我已经不再提起这个梦想了，但它不是不存在了，这个梦想只是藏得更深了，它不仅存在于我们HR的心中，更是深深地存在于我们的组织力量中。它的实现不是靠某几个人的激情，也不是HR设计一些制度就可以植入。

相反，这个梦想的实现，一定是自下而上去构筑。

（本文是彭蕾在2010年年底演讲的节选。）

第七章

绩效考核：价值观与业绩要综合考察

一个人对企业贡献的大小，主要体现在绩效考核上。通常来说，员工的薪资待遇是与绩效考核直接挂钩的。合理的绩效考核制度可以激发大家的工作积极性，而不合理的绩效考核制度则会让员工提不起干劲，甚至会提交辞职申请。了解一个公司的绩效考核制度，也是判断其人力资源管理体系是否完善的一项重要指标。

阿里巴巴的绩效考核自成一体，不仅考核员工的销售业绩，还考核他们的价值观。因为在马云看来，企业员工应该有统一的价值观，否则就无法同心协力地实现“做102年的企业”的大目标。阿里巴巴还有个“271”绩效考核原则，以此作为末位淘汰制的基石。不过，阿里巴巴的末位淘汰制保留了一次返聘机会，员工只有再次遭到淘汰时才会被公司永久性弃用。

绩效考核的意义与法则

如果说人力资源管理是企业运营的核心，那么绩效考核就是核心中的核心。销售员跑业务是因为有绩效考核指标要完成，财务部门发放给每一位员工的薪水是根据绩效考核结果来计算的，董事局决定提拔谁做高级管理干部也是以每个候选人的绩效考核结果为依据的。毫不夸张地说，公司一切工作都是围绕绩效而进行的，大家努力的直接目标是达到绩效考核的标准。

绩效考核制度对公司的意义主要表现为以下几个方面：

1. 评估员工表现

绩效考核不仅考察员工在业务方面的成绩，同时也对其工作态度、学习精神等方面做出评估。每一位员工都可以通过绩效考核的结果来检查自己在工作中的不足之处，公司也能了解到每个员工平时的表现。

2. 人事调整依据

公司做人事调整的依据主要是绩效考核结果。如果某些员工的能力素质与实际表现超出了现有岗位的要求，就应该考虑将其提拔到更高级别的岗位，让他们发挥更大的作用。反之，力不胜任者就应该考虑将其降职或调动到其他岗位。公司高层用人如果只凭主观印象而不看考核表现，是无法服众的。

3. 薪资定位依据

劳动报酬永远是员工最关心的问题。合理的薪资待遇要让劳动与回报成正比，这样才能让员工感到公司做事公平，有工作积极性。不同的员工对公司的贡献大小各异，只有细致的绩效考核才能准确反映每个员工对公司的价值，适当拉开奋斗者与懈怠者之间的差距。

4. 反映培训需求

每个员工主观上的自我评定，未必与客观上的绩效考核结果相符。人力资源管理部门通过查阅各员工的表现可以发现他们哪些方面的能力有所欠缺，就能针对该方面加强业务培训。

5. 激励员工上进

激励员工力争上游是绩效考核的最终目标。绩效考核结果在拉开员工收入差距的同时，会给广大员工树立一个标杆——怎样做才能获得更多的报酬与更好的发展。大家都顺着绩效考核的要求不断提升自己，争取提高薪资待遇和职务，就能在公司里形成一种“你追我赶”的良性竞争氛围。

从上述五点可以看出，绩效考核制度给全体员工带来压力的同时，也是企业运营的支柱。如果绩效考核制度不健全或不合理，就会挫伤公司员工的积极性，让基层员工心生怨言，最终主动离职。这就违背了设立该制度的初衷。

绩效考核最复杂的环节就是把考核目标量化成可操作的标准，只要遵循以下四个法则，就能理出清晰的脉络来。

1. 保持数量、质量、时间、成本的综合平衡

数量、质量、时间、成本是量化绩效考核的四个基本维度。数量类指标有产量、销售额、利润率、客户流失率等，质量类指标有满意度、通过率、达标率、创新性、投诉率、误差率等，时间类指标有天数、及时性、工期、新产品上市周期、更新周期等，成本类指标有成本节约率、投资回报率、折旧率、费用控制率等。这四个考核维度在不同类型的工作中占的比重不同，人力资源管理部门设计绩效管理标准时应该注意四个维度的综合平衡。

2. 把考核目标数据化、细分化、流程化

量化考核的关键是用数据来表示评估结果。不过，很多事物无法用数据精确地描述，这时候至少要做到考核项目细分化，让大家能清楚地了解到哪一步做得好、哪一步没做到位。假如遇到某些难以细分子目的考核对象，最起码要将其流程化，让大家知道问题出在哪个环节。只有经过数据化、细分化、流程化处理，绩效考核体系才不会模糊不清。

3. 考核过程与考核结果相结合

过程与结果哪个更重要的问题，其实不需要争论太多。因为现代企业

管理对流程要求越来越科学规范，如果能严格遵守考核的标准过程，至少不会得出非常不准确的结果。只考核结果而不顾过程，就容易忽略实现目标过程中的资源浪费、重复作业等问题。所以设计绩效考核体系时，应当把考核结果与考核过程结合起来，进行全流程、全周期的系统考核。

4. 注意考核体系设计的全面性和可操作性

考核的全面性不单是指考核指标的全面性，还要把做什么、为什么做、怎么做、做多少、在哪儿做、何时做完、谁来做等问题全部梳理清楚，考核责任细化到流程中每一步骤的执行者。各个部门团队的绩效考核既有区别又要存在关联性，还要结合公司的新战略来不断调整考核标准。此外，设计的绩效考核目标还应该是员工通过努力才能完成的，目标过低无法起到激励作用，目标过高则缺乏可行性，会挫伤员工的积极性。

价值观和业绩各占50%的考核标准

管理者和员工看问题的角度是不同的。管理者经常觉得员工还没有尽力，但员工则认为自己干的活与公司给的报酬不成正比，双方对工作效果的主观认识截然相反。这时候，就需要一个客观的标准来衡量员工的成绩。

然而，设计考核标准恰恰是绩效管理最核心，也最令人力资源部门头痛的部分。

我们在上一小节提到，制定考核标准要注意保持数量、质量、时间、成本的综合平衡，注意把考核目标数据化、细分化、流程化，注意把考核过程与考核结果结合起来，还要注意考核体系设计的全面性和可操作性。这些只是对普遍情况的泛泛而谈，具体到每一个企业时，还得结合其业务类型、组织结构、文化特征来讨论。

在这个方面，阿里巴巴也经历过一段摸索期，几次调试绩效管理方向后，才发展成现在的制度。

过去的阿里巴巴和许多知名企业都采用了KPI（指关键绩效指标考

核）型考核制度，以业绩结果为导向。到了2008年时，已经成立了9年的阿里巴巴依然奉行KPI至上的绩效管理理念，但马云察觉到了一丝隐患。

他在一次内部讲话中指出："我现在看到我们这家小公司有了一些大公司的弊病，比如出现了浪费，出现了官僚作风和形式主义。我们的KPI文化越来越强盛，一切以KPI为主，缺乏了协调性。我们希望以结果为导向，但是过多地以结果为导向，文化就会被稀释。我们的价值观考核也大多流于形式。这些都是公司在高速成长过程中出现的问题，而解决这些问题的唯一办法就是继续发展、完善自己。"

互联网的发展颠覆了很多东西，包括传统的企业组织结构与管理理论。阿里巴巴引进过许多MBA，并借鉴了国际流行的KPI绩效管理。这既让公司的发展变得越来越正规化，也导致阿里巴巴的价值观逐渐被稀释。

KPI的核心是以结果为导向，换言之，你只要完成任务就行，公司不管你用什么手段，也不管你对公司有没有认同感。从短期来看，这会激励员工提升自己的业务水平。但从长期来看，这会催生许多只顾结果不问过程的"野狗"型员工。企业发展顺利时潜在的问题可能被掩盖，但遇到逆境时，员工就有可能做出违背公司价值观的事情。

对此，马云反复强调："很多领导很看重结果，比如今年要完成2 000万元的任务。以结果为目的，你的团队会很累，永远想着我做哪些事情才能完成2 000万元。不要这样思考，否则所有人盯着的就是钱，而不是服务。战略、团队、结果这三点，管理层必须要掌握好。阿里巴巴能走到现在，原因很朴实，也很简单，但做的过程确实很艰难。我相信，中国一定会出现世界级的企业，中国人很聪明，一学就会，重要的是干的过程中要不断反思这些问题。"

阿里巴巴在招聘员工时就特别注重对方是否认同公司的价值观，还为加强企业文化教育而专门进行一个月的封闭式培训。可是，没有绩效考核制度作为保障，大家会对价值观越来越轻视。

所以，马云说："我们公司的考核制度是价值观占50%，业绩占50%，这种方式在中国是独特的。我们要坚持走下去，如果有一天我们成功了，这套东西就会被很多企业学去，这样，我们的DNA就会传到别的机体里，我们的灵魂就会延续下去。"

阿里巴巴的价值观并不只是马云在演讲中的口号，而是体现在公司的每一个角落。

"诚信中国"四个巨大的红字被摆在B2B公司在围墙边上。阿里巴巴董事局前副主席、阿里巴巴荣誉合伙人陆兆禧的淘宝办公室里挂着一幅"宁可淘不到宝，也不可丢诚信"的题字（武侠小说家金庸亲笔所书）。更重要的是，根据价值观和业绩各占50%的绩效管理原则，阿里巴巴在KPI体系之外还创造了一套价值观考评体系。

阿里巴巴的价值观行为准则评分标准包括Customer First（客户第一）、Teamwork（团队合作）、Teach&Learn（教学相长）、Quality（质量）、Simplicity（简单）、Passion（激情）、Open（开放）、Innovation（创新）、Focus（专注）九个方面，每项内容由低到高分为5个等级，最高分是5分。

每个进入阿里巴巴的员工都会听到两个案例。一个是某位业务员以无法兑现的承诺诱导山东某个房地产商发展为中国供应商，结果是阿里巴巴高层决定把多达6位数的钱全数退还给客户，并处罚了该员工。另一个是阿里巴巴广东区域的几名员工（甚至有区域经理）在业务知识考试时相互抄袭答案，被公司高层发现后全部开除。

这种雷厉风行的价值观考核比KPI考核更为严厉，如同一根不可触碰的高压线，不少昔日的阿里巴巴功臣都因此先后离开。尽管如此，阿里巴巴还是坚持价值观与业绩并重的考核方式，以免全体员工淡忘了企业使命与价值观。这种绩效管理方式堪称阿里巴巴在互联网行业中的一面旗帜。

马云倡导的“271”考绩原则

在人力资源管理的各大模块中，绩效考核管理最容易得罪人。人力资源部只是根据公司制度与绩效指标对每一位员工的业绩进行综合考察，作为调整薪资与岗位的客观依据。但是，在某些因考核不达标而被削减工资的员工看来，人力资源部这是拿着鸡毛当令箭，故意找自己的茬。

有些企业存在“你好我好大家好”的不成文规矩，人力资源部为了不得罪人，绩效考核都打高分。到头来，混日子的员工不害怕被降薪，“骄娇二气”就更加浓厚了；努力工作的员工见付出再多也得不到好回报，立功愿望下跌到绝对零度。这就完全失去了绩效管理的意义，公司迟早要散。

关于这个问题，马云在阿里巴巴几次重要发展阶段反复强调。他曾经在员工大会中直言不讳地说：“如果有些人每天早上开着跑车上班，心里想着：既然马总说不能离开，那我就不离开，反正我还有淘宝和支付宝的股票，就耗个五年，公司在替我赚钱，我就永远不干活儿了，这儿逛逛，那儿逛逛，也不需要努力工作。这才是最大的灾难。我们最讨厌、最担心这些身在公司心却不在公司的人。如果发现公司里有这样的人，我们一定会采取措施，一定不会让这样的人继续留在公司里。出工不出力的必须严惩，不然我们就对不起新加入的人，对不起勤奋的人，对不起信任我们的股东，对不起未来。这是我最想强调的。”

纵观那些发展状况良好的企业，虽然会采取宽松的人性化管理，推崇“快乐工作”的理念，但在关键指标的考核绝不会含糊。有功者赏，有过者罚，才能劝勉众人积极为公司建功立业，不让公司被好逸恶劳之人的劣性打垮。

为此，阿里巴巴要求每个员工都参加每季度、每年的“KPI+价值观”双重考核，各部主管按照“271”绩效考核原则来评估所有的员工。“271”绩效考核原则将员工划分为三个档次：

第一档是超出期望的员工，占全体员工的20%。

这20%的员工不光有突出的业绩表现，同时也是阿里巴巴核心价值观的践行者。阿里巴巴高层将他们视为公司的骄傲，不断提拔他们到重要岗位。

第二档是符合期望的员工，占全体员工的70%。

这类员工认同公司的核心价值观，思想觉悟没问题，但业务能力中规中矩，并无突出表现。阿里巴巴的大多数员工都是这种类型。公司将对他们进行针对性的培养，挖掘其潜力，鞭策他们进入20%的佼佼者行列。但与此同时，阿里巴巴也不放松价值观考核，以免他们思想懈怠，下滑到最低的档次。

第三档是低于期望的员工，占整体的10%。

这类员工也许表现得很差劲，也许业务能力非常突出，但他们的共同特征是不认同公司的核心价值观。按照阿里巴巴的用人理论，业绩拔尖但价值观考核不过关的是“野狗”型员工，是人力资源管理部门必除的对象。

正如马云所说：“领导要达成一个目标，必须有一个良好的团队。如果你发现团队里有人出现错误，怎么办？有三个办法：第一，让这个出现错误的人继续留在原来的位置上，这样一来，这个人肯定会继续制造麻烦；第二，重新训练他；第三，开除他。你如果不采取行动，就会导致其他追随者感觉你不在乎他们。其他人都在努力按照你设定的方向走，只有这个人不按照方向走。所以，你要么重新训练他，要么开掉他。”

那10%低于期望的员工就属于这种情况。如果让他们继续待在团队中，必会影响其他人的士气。所以，要么责令其“回炉”接受再培训，要么开除，以免他们拖整个团队的后腿。

需要注意的是，阿里巴巴的“271”绩效考核原则是采取员工自我评估与主管打分相结合的模式。当考核成绩在3分以上或0.5分以下时，必须罗列具体的案例来解释这么打分的原因，否则考核成绩不被承认。当主管给员工做完考核后，要和他们进行沟通，讨论绩效中存在的问题。假如员工觉得不公平，可以向人力资源部反映情况。人力资源部则会检查主管对该员工的考核内容，进而弄清这个成绩是否公平合理。

几个应该避免的绩效考核误区

绩效考核制度无疑是现代企业人力资源管理工作的主要工具，对公司发展有着至关重要的意义。但并不是所有的公司都能用好这个工具。很多企业领导者与人力资源管理者对绩效考核的认识不够全面深刻，容易在实践过程中出现以下误区：

1. 绩效考核定位不清，考核工作流于形式

所谓绩效考核的定位，主要是指公司管理层想通过绩效考核解决什么问题，达成什么样的管理目标。对绩效考核的定位不同，将影响到考核指标及制度的设计，从而造成不一样的结果。

绩效考核的最终目标是激励员工实现公司的战略意图和使命而奋斗不息。但最终目标是务虚的，绩效考核是务实的。如果考核指标没有明确的导向，员工就不知道该朝哪个方向努力。

比如，公司打算提高新产品的销量，就应该在绩效体系中增加对新产品销售提成的考核，以激励员工积极推销新产品。又如，公司打算提高创新力，就要在绩效考核中提高对创新行为的奖赏力度。有的公司领导嘴上说鼓励创新，却无视“试错是创新的必经之路”这一客观规律，不宽容失败，只是一味地要求快出成果。这样一来，员工为了避免创新风险带来的利益损失，会选择四平八稳的做法，毫无创新积极性。所以，人力资源管理部门在设计绩效考核指标时一定要明确公司的定位，不要制定自相矛盾的考核要求。

2. 绩效考核指标设计得不合理，缺乏科学性

评价员工表现最直观的指标就是卖了多少产品、拉到多少订单、赢得了多少客户、研发了哪些新技术。这些考核指标都是可以量化的结果，谁好谁坏一目了然。但不同职位的员工工作方式差异很大，各有各的规律。这就需要人力资源管理部门在设计考绩指标时不能简单粗暴地“一刀切”，必须适当地区别对待。

比如，销售人员和研发人员的考核就不能混为一谈。研发人员不像销售那么有弹性，消耗脑力更多，任务难度和风险大，容错率要求较高，而且可能在很长一段时间里都出不来成果。如果用“一刀切”的方式考核，销售人员可能经常拿提成，而研发人员直到新技术、新产品开发成功，奖金都不会太高。研发人员的付出与回报相差太大，肯定会让他们心理不平衡。于是公司最终会走上重销售轻研发的道路，毫无技术优势可言。

最应该激励的员工没有得到充分激励，会导致公司各方面发展失调。这就是绩效考核指标设计不当而造成的后果。

3. 绩效考核周期设置不当，影响了考核对象的日常工作节奏

很多公司都设有月考核、季度考核、年终考核，甚至还有周考核、每

日考核。不同行业的情况大相径庭，绩效考核周期设定应该有所区别，但根据岗位要求与考核目标来合理设置考核周期的规律是相通的。

马云曾说："通常的战略，要一个月评估，三个月检查，一年微调，三年才能看结果。如果就检验今年的战略效果，那不是战略，而是战术。"公司发展战略是需要时间来检验的课题，每个月评估进度，每个季度检查完工率，每年调整战略执行中遇到的问题，都是合理的考核方式。

但这些都不是以整个战略的最终效果作为目的的考核。

假如某些项目涉及范围广、运作周期长、参与人员多、投入资源多，考核周期就该设置得长一些，按一年甚至一年以上的周期来评估业绩。如果不是什么大项目，运作周期短，参与人员和投入资源少，就可以采取较短的周期进行考核。

4. 考核方式单一，无法准确反映完整信息

通常而言，团队主管考核下属员工，总经理考核团队主管，上下级管理关系与考核关系是一致的。也有公司会专门成立一个绩效考核小组，针对单位中的某个员工或部门进行考核。这些常规办法都很有实用性，但只采取单一的考核方式不足以获得完整的被考核对象的信息。

想要做到全方位考核的话，除了上述手段外，还应该从与考核对象有接触的其他人那里搜集信息，以便将多渠道来源的信息进行对比分析，从而得出更全面客观的考核结果。当然，这种全方位绩效考核方式的成本比较高，通常用在公司重点考察对象上。

5. 考核之后没有跟进的配套措施

绩效考核的目的不仅仅是搜集数据做成报告，还要根据反馈结果采

取各种配套的改进措施。比如，前面提到员工培训课程设计与干部选拔都是以绩效考核的结果为主要依据的，人力资源管理部门要结合新的绩效考核结果来调整培训内容，挑选需要提高综合素质的培训对象。公司各级管理者在考核结束后，还应该与自己的团队成员进行沟通，共同针对绩效考核结果中暴露的问题提出改进办法。如果绩效考核之后，大家还是依然故我，就失去了考核的最初意义。

阿里链接：有一次返聘机会的末位淘汰制

末位淘汰制是一种被世界500强公司广泛采用的绩效激励方法，在中国也有不少公司推行这种绩效考核制度。

按照现代人力资源管理理论，末位淘汰制是一种负激励性的强制管理手段。其基本原理是企业根据某种绩效评估体系对员工进行考核，对排名末位者进行无情的淘汰。这种绩效管理手段的理论依据是“压力—绩效”理论。根据管理专家的研究，员工的压力水平与绩效水平存在一定的关联性，压力过大或过小都会降低绩效，当压力适中时则能达到绩效最大化。所以，许多企业通过控制工作的压力水平来刺激员工的绩效，末位淘汰制是其中最激烈残酷的方式。

末位淘汰制最初并非企业管理制度，而是欧美某些高校的考试评分体系。后来美国通用电气集团前总裁杰克·韦尔奇借鉴这种制度创造了“活力曲线”绩效管理机制，即按照工作表现把员工分为不同等级，排在末位的那一等级的员工就会被解聘。由于杰克·韦尔奇设计的末位淘汰制往往会淘汰表现最差的10%员工，故而又名10%淘汰率法则。

通用电气推行末位淘汰制后，员工的整体工作效率有了大幅度提升，为整个集团带来了巨大的效益。20世纪90年代，中国企业也开始引进这种机制，以求激发组织的活力。

阿里巴巴内部也采取了末位淘汰制。马云曾经表示："我们公司是每半年一次评估，虽然你工作很努力，也很出色，但你就是最后一个，非常对不起，你就得离开。在两个人和两百人之间，我只能选择对两个人残酷。"

各部门按照前述的"271"原则考核员工的表现，10%低于期望的人都处于被淘汰的范围。这使得阿里巴巴的员工都非常努力地达成绩效考核目标。

末位淘汰制之所以有效，是因为它会激发公司的内部竞争。在没有引入末位淘汰制的时候，全体员工都有保底的薪资福利，生存压力不大，努力干活固然挣得多，但懒散做事也饿不死，于是久而久之，大家的奋斗激情都消亡殆尽了。特别是那些机构臃肿、人力资源冗余的大公司，都会因此患上效率低下的"大企业病"，降低企业发展的速度，甚至使企业走向衰退。

引入末位淘汰制后，全体员工都有了被淘汰出局的压力，危机感迅速提升。这样一来，每个人都会为了不成为最后一名而拼命工作，工作主动性与创造性都有了很大提升。

不少企业运用末位淘汰制裁汰了冗员、精简了机构，减少了员工利用制度漏洞偷懒的机会。重视小圈子社交关系的员工们私底下喜欢集体把工作效率控制在中等水平，抱团营造"谁也不超过谁，你好我好大家好"的氛围。末位淘汰制的压力往往能破除这种阻碍效率提升的"人情世故"，让他们彼此竞争、相互超越。于是促进内部竞争的"鲶鱼效应"也被发挥到了最高水平。

但是，末位淘汰制并非没有消极作用，不是每一个企业都适合采取这种机制，也不是公司的每个发展阶段都适合执行末位淘汰制。如果不分时间、不分条件、不分对象地滥用末位淘汰制，就会造成员工压力过大，反而会降低绩效水平。而且，这种机制靠内部竞争来激发组织活力，若是操作不当，很容易变成团队内部钩心斗角的恶性竞争，工作效率不升反降。

此外，业务技能熟练、曾经表现突出的员工因为一次绩效考核排位下降就被淘汰，先不说感情上是否太冷酷无情，本身也是一种对人力资源的浪费。按照强调“以人为本”的现代企业管理理论，末位淘汰制是一种不够人性化的绩效管理制度，无助于提高员工对公司的安全感与归属感。这与阿里巴巴强调“快乐工作”的公司文化价值观无疑是相互抵触的。

为此，阿里巴巴的末位淘汰制有了新的变化——员工被开除三个月内还可以重新返聘回公司。

传统的末位淘汰制是把被淘汰员工清洗出局，阿里巴巴的人力资源管理政策多给了一次机会，让离职员工可以重新回到阿里巴巴继续工作。但也只有一次机会，不多给。也就是说，一个人有两次机会成为阿里巴巴的员工，第一次被末位淘汰或者自己主动离职都可以再返聘一次，但第二次离职无论是什么原因都永不录用（注意，所有离职员工的工号都会被阿里巴巴无限期保留）。

阿里巴巴的这种做法有利于减少老员工的流失，提高人力资源的利用水平。被返聘的老员工毕竟在阿里巴巴工作过，熟悉企业文化与业务，比新人融入速度更快。如果能通过返聘重新赢得他们对公司的忠心，就能更好地发挥他们的余热。这比一刀切的传统末位淘汰制要高明得多，也利于阿里巴巴在“快乐工作”与加强绩效考核之间保持平衡，兼顾员工的安全感与积极性。

拓展阅读：华为的末位淘汰制

推崇“狼性文化”的华为公司，非常重视员工的干劲，提倡能上能下的人才管理机制。其中最突出的就是末位淘汰制。

任正非在华为公司推广干部“选拔制”时强调：“我们继续坚持‘以客户为中心，以奋斗者为本’的文化价值观。不奋斗我们就没有出路，华为一定要前进，前进就要让那些不适合的干部调整到合适的岗位上。我们对12级及以下人员的考核做了改变，是绝对考核，但对13级及以上的‘奋斗者’，我们实行相对考核。特别是担任行政管理职务的人，我们要坚定不移地实行末位淘汰制，不淘汰你就会得到更多的利益，我们不能让你坐享其成。责任和权力、贡献和利益是对等的，不可能只有利益没有贡献。”

在他看来，不合格的干部一定要撤换，决不能养尊处优，要毫不留情地淘汰任何一位想以熬年头来得取胜利的高层管理者。唯有这样才能对得起那些兢兢业业的“奋斗者”与不断为公司创造更多价值的“贡献者”。

华为的末位淘汰制不同于其他大多数公司。

首先，华为的末位淘汰制针对的首先是行政管理者，其次才是普通员工，而且对前者的淘汰更加严格。

一般的公司则相反，行政管理者的位置往往如铁铸般稳固，普通员工则被末位淘汰制弄得危机感十足。尽管这会刺激普通员工拼命工作，但对行政管理者显然毫无激励效果。华为不仅把员工末位淘汰制纳入日常绩效管理体系，同时将清理不合格干部的政策制度化。

其次，华为每年要淘汰10%的绩效排末位的干部，强调分层分级考核，每个层级不合格干部的淘汰率都是10%。

不少公司对管理层的末位淘汰制主要集中在基层干部的层次。并不一定是基层干部表现得糟糕，有时候是高层干部把自己的过错推给了下属，让基层干部背黑锅，以逃避末位淘汰制考核。

为了避免这种情况的发生，华为采取两种措施：一是对不能达到公司人均效益提升改进平均线的各级一把手进行问责；二是对超过平均线以上的部门继续按照正利润、正现金流、战略目标的实现来排序，坚决淘汰排在末位的高层干部。

再次，华为对末位淘汰的干部并不是直接开除了事，而是经过后备队的筛选后充实到其他部门，甚至让他们回到一线工作。

任正非认为，那些被末位淘汰的后10%干部既然不适合担任管理岗位，可以将他调整到更适合的工作岗位上去。比如，被行政岗位末位淘汰的干部可以转型做专家，或者自己去开华为专卖店，从基层重新干起。这样可以避免出现将多兵少的机构臃肿问题，充分利用现有的人才资源，也能为提拔有潜力的年轻干部腾出余地。

最后，华为末位淘汰制的处罚不讲情面，坚持以“奋斗者”为本，防止制度变成走过场的形式。

根据华为公司的规定：已经在末位淘汰考核中降职的干部，一年之内不得提拔，也不准跨部门提拔。任正非指出，华为不迁就任何人，就算是高级干部与公司创始人，都在末位淘汰的考察范围之内。

需要注意的是，华为末位淘汰制主要是将末位淘汰的干部或员工调离原有岗位，调整到另一岗位继续工作，或者经过内部培训后重返岗位。《华为基本法》还规定公司在经济萧条时期会启用自动降薪制度，以免过多裁员造成大量人才流失。

华为的做法不仅是为了遵守劳动法律法规，也是为了最大限度地利用人力资源。

有人批评覆盖各个层级且淘汰率高达10%的华为末位淘汰制太过冷酷，不够人性化，让员工战战兢兢。但按照华为“以奋斗者为本”的理念，末位淘汰制恰恰是为了淘汰那些不优秀、不努力的人，以便保护优秀员工的奋斗热情。

绩效考核的本意就是奖勤罚懒，为企业“消肿”，提高公司的人均效益，保持更高的活力。末位淘汰制是各种考核制度中最严厉的一种，但如果没有其他配套措施，只是单纯地按比例淘汰10%的人，并不能真正起到激发组织成员奋斗热情的效果。在这一点上，华为末位淘汰制和阿里巴巴的末位淘汰制都有着很大的借鉴价值。

第八章

关系管理：踏踏实实地保障员工的归属感

对于许多人来说，职场关系是最主要的人际关系。职场上不顺心的事，不是来自工作本身，就是来自领导、同事、下属。良好的人际关系氛围可以减轻员工的工作压力，让他们以更高的热情和更积极的态度去完成任务。

为广大员工营造团结和睦的氛围，是企业与生俱来的使命。阿里巴巴提倡“快乐工作”的理念，力求通过人性化的管理方式来表达对员工的关怀。在这种理念的指导下，阿里巴巴非常关心基层员工的日常生活，尊重他们的人格和劳动成果，甚至在公司遇到困难时依然不忘记保障普通员工的利益。做全世界第一流的雇主，也是阿里巴巴的战略目标之一。

尊重下属，提高他们对组织的认同感

如果说绩效考核管理是人力资源管理者必备的“硬功夫”，那么员工关系管理就是必不可缺的“软功夫”。没有“硬功夫”威慑，员工将屈服于好逸恶劳的惰性，不会自觉地去吃苦耐劳、开疆拓土；但没有“软功夫”安抚，员工会把单位当成炼狱，感到心灰意冷，日子过得痛苦压抑。

阿里巴巴强调企业文化价值观建设，是为了提高全体员工的凝聚力。但只是用企业使命还不足以增加员工对组织的认同感，更重要的是要尊重员工。

马云曾说：“我们当年创业时，街上会走路的人都被我们招来，我们招不到优秀的人才，后来招进来的人才也离开了我们。最后，我们这些留下来的人逐渐使公司的品牌得到了提升、业务增长，我们吸引了更多优秀的人才来到这里。虽然优秀的人未必真的管用，但是我们尊重他们，没有他们，我们不可能走到现在。

“……

“你如果把自己看得低，别人就会高看你；你如果把自己看高了，别人就会看不起你。有人说我智商很高，情商很低。其实，情商低的人基本上是把自己看得很高的人。他们认为自己的智商很高，把人家都当成傻子。天下没有傻子，我们眼中的傻子，只是没有机会知道真实的情况，一旦你告诉他，他什么都懂。你有了机会，有了各种机缘，才成为今天的你。”

领导者能成为领导者，必然有其过人之处。但是，领导者不能因此目中无人，对下属态度不恭。

每一位员工都有自尊心，希望得到尊重。当员工感觉自己受到侮辱时，用再多的钱也无法消解他心中的怨恨。聪明的领导者总是恩威并施，在严明纪律的同时做到爱兵如子。同样拿那么多薪水，员工被领导蔑视时会失去工作热情，员工被领导尊重时则会将心比心，以努力奋斗来回报对方的真诚。

阿里巴巴把客户放在第一位，员工放在第二位，但非常重视用尊重换取员工对组织的认同。马云曾经在某次员工大会中说：“今天，我们回过头去看看当年离开的那些员工，他们跟你们有很大的区别，这种区别不是钱多少的区别，而是对文化的认同、对团队认同的区别。我感谢大家前面几年所做的努力，后面的路更长，如果你们相信公司、相信自己，我们在一起再奋斗五年，看看可不可以做出一家伟大的公司。五年以后，如果大家想离开，跟我讲，我一定会让你们舒舒服服地离开。”

这番话可谓肺腑之言。大家一起再奋斗五年，共同创造更好的局面，到时候去留自便，但公司永远记住每个人的努力。阿里巴巴尊重员工的意愿，合则同舟共济，去则好自为之。阿里巴巴根据员工工龄的长短来给予不同的特殊称号，让全公司上下都知道老员工做出的贡献。此举也是想通过精神褒奖来提高员工对组织的认同感。

所有伟大的公司，都会有一批高度认同企业使命并愿意为之奋斗的忠诚员工。想要培养这种忠诚，就必须给予员工足够的尊重。当初阿里巴巴的九大精神中就有“尊重”，这个传统将继续传承下去，直到实现“做102年的企业”的远景目标。

能者多富，让好员工过上好日子

公司希望员工为企业殚精竭虑，员工则希望公司为自己带来维持生存发展的财力与机遇。双方的立足点存在着差异，利益并不完全一致。所以，公司和员工经常处于一种博弈状态，都希望能从对方那里多得利益，而自己少付出劳动。由此导致的结果往往是，员工嫌弃公司“既想马儿跑得快，又想马儿不吃草”，公司嫌弃员工没有激情、不守纪律、出工不出力。

双输的局面谁也不想看到，但想要达成双赢的话，公司管理层首先要了解什么是“以人为本”。

人们劳动是为了生存发展，首先是生存，然后才是发展。从理论上说，每个人的全面自由发展是文明进化的终极方向。但在现实中，大部分人仍然为生存问题而拼搏，根本没有多余的心力去考虑发展问题，遑论全面自由发展。

所以，有远见的企业不是空谈价值观，而是下足本钱让那些勤劳建功的奋斗者能实现发家致富的心愿。唯有让好员工过上好日子，公司内部才能形成一个正向反馈的激励机制。马云对此有着清醒的认识。

他说："每个人都要养家糊口，要买房买车，所以公司一定会考虑到员工的利益。公司是靠员工发展起来的，我们看到老员工，心里有特别亲切的感觉。五六年前，我们聚集在了一起，希望十年以后，我们依然能聚集在一起，看我们真正达成了什么目标，这才有意思。而现在一切才刚刚开始，这绝对不是阿里巴巴的终点，而是一个崭新的起点。"

《华为基本法》是"以奋斗者为本"，要求给予积极上进的员工更高的薪资待遇与更多的升迁机会，以达到重赏之下，必有勇夫的结果。阿里巴巴则信奉"发不出工资是领导者的耻辱"的观念，同样要求管理者善待那些为企业使命努力拼搏的员工。

阿里巴巴集团内部流传着这样一段话——作为一个领导者不要让你的员工为了你而工作，应该是为了共同的目标或者使命，或者一个理想去工作，也绝对不要因为领导者的人格魅力而工作。四个月不发工资不是魅力，是领导者的耻辱，你每次要判断怎样让员工永远有工资拿。

有的企业管理者嘴上说理想，实际上并没有在工资待遇上给予员工相应的回报。同样是大谈理想和使命，阿里巴巴却要求领导者每次都要做出最有利于员工的决策。尽管阿里巴巴曾经表示不给员工做任何承诺，但同时也强调任何优厚的回报都是员工自己努力奋斗的结果，而不是公司的赏赐。

时至今日，阿里巴巴高层管理团队有不少人来自公司内部基层。工作五年以上的员工往往都有较好的生活水平，而且还经常会得到公司各方面的激励。

马云在2007年12月11日"五年陈"大会的演讲中说："你们是阿里巴巴最精英的前线销售人员，我并不希望大家回去以后跟下面的人说，同志们加油干，每个人的业绩必须翻一倍。毕竟是人，就算做死也不可能翻一倍。我希望大家做一件事——传递文化，这才是你们需要做的。如果你们希望把自己的股票留给子孙后代，将来股价能几十倍、上百倍地增长，那你们就要传递文化，培养新人，让新员工去帮你们赚钱，因为他们有使不完的力气。你们要把以前的文化传递给他们，帮助他们成长，这样，你们也会成长得越来越快。”

阿里巴巴把“客户第一，员工第二，股东第三”作为“四项基本原则”之一。为了贯彻这个原则，公司会重奖员工占绩效总数10%的超出期望的优秀员工，并以此激励另外70%符合期望的员工。让有能力的人富裕起来，让有能力的人获得更好的发展，让有能力的人过上好日子。唯有如此，公司的凝聚力才能不断增强。

人性化管理，关心员工的日常生活

对于大多数职场人士来说，“快乐工作”听起来像不着边际的心灵鸡汤。但在阿里巴巴，这并非一句空话。虽然阿里巴巴对违反价值观的员工总是无情淘汰，但对于兢兢业业的员工则坚持人性化的管理。这既是对笑脸文化的贯彻落实，也是在执行“力争做世界最佳雇主”的目标愿景。

马云在2007年7月29日的阿里巴巴“五年陈”大会上说：“我觉得我们阿里巴巴‘五年陈’的人开始老成起来了。三年前看到大家脸上都洋溢着笑容，但现在都感觉很苦。金庸的小说里有一个境界最高的人，就是老顽童，人的武功是跟境界成正比的。老顽童的境界非常高，并且永远开开心心的。我们不要忘了，阿里巴巴初创时设计的Logo，就是一个笑脸。我们走进公司就能感觉到一种愉悦的氛围，而现在我们的老人都是暮气沉沉的。我觉得大家应该开心点，虽然我们很辛苦，我们的对手很强大，导致大家变得很严肃，但严肃不会让我们取得胜利。”

“五年陈”的设定是阿里巴巴集团的一大特色。只有工龄满3年的阿里巴巴员工才有资格被称为“阿里人”。而那些工作满5年的员工被公司赋予了一个极具阿里巴巴特色的称号——“五年陈”。当一位阿里巴巴的员工达到“五年陈”的资历时，公司会特意定制一个枚有该员工名字的白金戒指作为其荣誉象征。

除了这种特殊的正式纪念外，阿里巴巴还要求各级管理者平时多关心自己的员工。

马云指出：“一个优秀的将军、一个优秀的领导者永远要知道自己的下属出了什么问题。如果你的下属总共才六七人，有人因为闹离婚而心情不好，你都不知道，那就是你的错。你为什么没有注意到下属的问题，是什么原因？领导者要学会自责。聪明的老板会教下属怎么做，傻瓜老板才会批评下属。”

阿里巴巴为此把人力资源管理体系打造成了别具一格的“阿里政委体系”。阿里政委的日常职能之一就是关注员工的精神状态，及时为他们排忧解难。

此外，阿里巴巴员工还自发成立了一些兴趣小组，号称“阿里十派”。其中热心慈善公益事业的员工组建了“爱心派”，喜欢外语和外国文化的员工组建了“英语派”，爱好羽毛球的员工组建了“羽毛球派”，喜欢讨论汽车与驾驶技巧的员工组成了“车友派”。

“阿里十派”并非公司的正式组织，而是员工自发建立的非正式组织。通过这些兴趣小组，阿里巴巴的员工可以在公司里找到与自己爱好相同的玩伴。对于互联网时代的年轻人来说，拥有更多共同语言的兴趣小组在自己的人际关系中占有很重要的地位。“阿里十派”让员工们把同事与同类爱好者的身份结合在一起，从而让公司上下的气氛更加友好。

通过上述种种人性化管理的措施，阿里巴巴员工的幸福感增加了，笑容自然也会变多，工作更有干劲，对公司也更忠诚。

人性化管理在工作压力越来越大的今天有着至关重要的意义。假如员工长时间处于紧张状态，不仅更容易疲劳，也更容易陷入抑郁。没有良好的身心状态，人才是无法保持高水平作业的。

阿里链接：企业靠员工成长，力争做世界最佳雇主

在阿里巴巴上市之前，我跟我们“五年陈”的员工有过一次交流。我跟他们说，感谢你们坚持了5年，你们挡住了很多诱惑。其实我觉得，绝大部分“五年陈”的员工留下来，不是因为有远见，那时候就看好B2B，就知道阿里巴巴会发展得这么好，而是因为绝大多数人都没有地方可去，阿里巴巴不算太糟糕，就留下来了。那些自认为很聪明的人都离开了，自己创业去了，还有一些人被猎头公司挖去了。剩下的人默默无闻、脚踏实地地干，五年之后，我们突然发现阿里巴巴变成了一家成功的公司，个人不错，公司也不错。原因是什吗？我们坚持下来了，挡住了很多诱惑。

公司取得今天的成绩，我觉得每个人都有功劳，但功劳都是过去的，我们离成功还太遥远。如果按照一些民营企业土老板的想法，我们这些人都不用干了，换个工作，轻松一点，这一辈子都不用愁。就像二十世纪七八十年代的万元户，家里养鱼养猪，特有钱，女孩子都愿意嫁给这样的万元户。但是在今天，万元户已经不行了。乡镇企业发展得非常快，到今天为止，乡镇企业中没有倒掉的只有鲁冠球的万向一家。

我特别不希望阿里巴巴的老员工、老干部像当年的万元户一样，我不希望我们这些人熬了5年、8年，一下子就没了。我们挣的钱，虽然现在来看不少，但从未来来看，根本不算什么。我们公司现在还在布局中，我们要做102年，这不是一句口号，我每天都在想那些百年企业具有的最重要的基因是什么。我们已经走了8年，还要走94年。全世界的电子商务才做了20年，如果我们也想做20年，光看B2B是不行的，要把淘宝、支付宝都整合起来，把整个产业链都打通，才有可能走20年、30年。

……

企业的成长要靠员工的成长。我在北京碰到几个老员工，当年阿里巴巴的老销售出去以后都是去当副总经理、总监。一个老员工出去以后做了四家公司，做一家死一家，到现在公司里只有三个人——他、他老婆，还有一个客户。创业真的是这样，100家公司，99家死掉，还有一家半死不活。阿里巴巴的运气太好了，前面我说过，我们成功是因为我们能干吗？大家看看周围，比我们能干的人有多少。你说你很勤奋，我们是很辛苦，但是比我们辛苦的人不知道有多少，很多人比我们更起早贪黑，他们什么也没有得到。

所以，我们的运气很好，我们有好的团队、好的文化、好的含义，所有东西凑在一起，就凑成了今天这个样子。千万别觉得自己能力强，我到今天都没觉得自己能力强，没有每个员工实实在在的努力，阿里巴巴是不会成功的。我今天说了，五年以后，我们这家公司要成为中国第一家打进世界500强的市值超过1 000亿美元的公司，不拿政府一分钱，实实在在地打进去的公司。这需要所有阿里巴巴的员工一起努力，正因为有大家的努力，我讲的很多话才能变成现实，今天一样，明天也一样，否则以后这种狂话我在外面也不讲了。

我们要认清阿里巴巴今天的市值是多少，我们现在的市值是80亿美元到100亿美元。我们不要因为股价的下跌而心里发慌，哪怕是跌到20块，跌到13块，都没有关系，因为我们看的不是半年一年，而是五年以后谁是英雄。五年以后谁牛，才是真牛。如果五年以后，我们的市值真的变成了1 000多亿美元，那你就可以休息了，你可以对自己说、对公司说，我对得起自己，对得起公司，对得起公司给我的机会。今天做成这样，你还不能说对得起自己。包括我在内，任何一个人在这个集团里说我真辛苦，我是通过自己的努力赢得这么多财富的，这是胡扯。

我不相信就凭我们这点努力、这点聪明，可以取得这样的成功。我们碰到了很多机遇，在最困难的时候，我们刚好凑到了2 000万美元，就熬过去了。后来又碰上雅虎被我们买过来，碰上eBay犯了一个大错误，才使得我们有了今天，绝对不是因为我们伟大。当然，我们也没有那么蠢，我们抓住了很多机会。但是，今后的机会，我们个个都能抓住吗？很难说。

五年以前，没有人知道我们，我们是在水下面。今天，我们浮出水面了，所有的弓箭枪炮都对准了我们。我们遇到了很多困难，但我们都熬过来了。今后五年，我们会更精彩。等你到了50岁或60岁的时候，你对自己的孙子讲，你爷爷当年加入这家公司的时候，它只有一个小房间，现在它已经成为世界上非常强大的公司，这种骄傲的感受是完全不一样的。

丰田公司的伟大不在于领导者的伟大，而在于每个员工、每个老员工的伟大，每个老员工都捍卫自己公司的荣誉。大家想想，汽车行业都被美国人垄断了多少年？丰田居然把美国所有的汽车公司都打败了，现在美国最厉害的汽车公司是丰田，欧洲最厉害的汽车公司也是丰田。我们阿里巴巴就缺一批这样的老员工，我们征战8年，很多人半路退出了，如果我们的老员工不能再往前进一步，不能再熬一两年的话，那我们公司就不可能成为伟大的公司。

这两年来，我有些愧疚，大家受委屈的时候，我没有来安慰大家。不过，话说回来，大家都这么大了，应该自己舔伤口。我受委屈的时候也是自己舔伤口，不知道跟谁讲。这三四年，我们做得还是不错的，阿里巴巴B2B、淘宝、支付宝都做得很好，整个布局也不错，但未来我们还有很长的路要走。

我们很多员工说要去创业，在我看来，你们这些人去创业真的很难，可能会全军覆没，因为你们没有这个机会了，年龄、眼光等各方面都不如年轻人。我们公司是幸运的，每次我们遇到倒霉的事情时，就会有好运气。如果你今天加入另外一家公司，我觉得你可能不会那么舒服，因为别人对阿里巴巴的人的期望是非常高的。为什么会对你产生很高的期望？因为你可能有很好的主管、很好的老板，阿里巴巴有很好的品牌。

……

给自己一个五年的承诺，承诺再干五年。我相信，如果五年之后你们真的离开这家公司，你们的功力一定会更强，而不会更弱，因为在中国，像我们这样的公司真的不多，你们会经历很多。

千万记住，我们不能小看自己。我们已经熬了五年了，咬牙切齿再熬五年，我们就会不一样，因为伟大是熬出来的。我希望大家给自己一个承诺，我也给自己一个承诺，让我们忘掉股价，继续往前走、往前看，做出中国第一家市值超过1 000亿美元的民营企业。

（本文为马云在2007年12月11日“五年陈”大会上的演讲的节选。）

拓展阅读：沃尔玛——员工就是合伙人

2016年，全球最大零售商沃尔玛集团以高达4 821亿美元的营业收入再次获得《财富》世界500强排行榜的第一名。自从2014年以来，沃尔玛已经蝉联三届冠军。这家知名企业曾经在2004年度世界50家最受尊敬公司排行榜中位居榜首，曾经被多个国家评为“最受赞赏的企业”之一。从某种意义上说，沃尔玛最令人惊叹的不是其强大的盈利能力，而是其出色的员工关系管理水平。不同于其他大小零售商，沃尔玛从1962年创立之后不久就坚持一个独特的理念——员工就是合伙人。

沃尔玛集团创始人山姆·沃尔顿有句名言：“沃尔玛业务75%是属于人力方面的，是那些非凡的员工肩负着关心顾客的使命。把员工视为最大的财富不仅是正确的，而且是自然的。”

为了贯彻“把员工视为最大的财富”的主张，沃尔玛从管理制度的方方面面确保了管理者与员工之间的平等关系。

首先，在平时的工作中，沃尔玛力图让全体员工都养成平等相待的思维惯性。

每一位沃尔玛员工的工牌上都不标注职务名称，哪怕最高总裁也是如此。在山姆·沃尔顿看来，虽然存在管理与被管理的分工，但员工相当于合伙人，地位上是平等的。所以，大家见面时直呼其名，管理层不摆官架子，在日常交流中就淡化了等级观念，把彼此视为共同事业的合伙人。此外，在沃尔玛总部办公楼的停车场没有给任何人设置固定车位，无论是董事长、经理，还是普通员工的车，都被平等相待。

其次，沃尔玛的沟通机制对基层员工高度开放。

沃尔玛认为“接触顾客的是第一线员工，而不是坐在办公室里的官僚”。所以，公司鼓励每一位员工直言进谏，上至区域经理下至商店小时工，所有人都可以用书面或谈话形式与高层管理者进行沟通，甚至可以申请到总部直接找董事长山姆·沃尔顿。无论是提出改进工作的建议，还是倾诉自己遭受的不公平待遇，公司都会提供机会让员工畅所欲言。

于是在沃尔玛集团经常出现这种现象——董事长在总部亲自接见来自各地的基层员工，并把他们的中肯意见下发到所有的沃尔玛分店经理那里，要求他们认真执行。这使得沃尔玛员工的主人翁意识比一般的企业员工更为强烈。

最后，沃尔玛在精神激励方面也力求满足广大员工被尊重的需求。

沃尔玛总部与各分店都会定期在橱窗里展示先进员工的照片，表现优异的管理者还将获得公司特别授予的“山姆·沃尔顿企业家”的称号。沃尔玛的股东大会号称全美最大的股东大会，但总部每次组织会议时，都尽量让更多的部门经理与普通员工参与其中，以便让他们充分了解公司的理念、制度、现状、目标。山姆·沃尔顿还每每在会后要求大约2 500名与会人员到自己家里进行野餐活动，从高级管理者到普通员工，各个层次的人都有。这些活动的录像将被所有员工看到，而公司内部刊物《沃尔玛世界》也会做出相关报道。山姆·沃尔顿这样做是为了拉近与不同层次的员工的距离，促进大家的凝聚力。

除了日常关系管理措施外，沃尔玛在人力资源管理制度，特别是薪酬制度上也把员工当成合伙人来对待。

沃尔玛员工的薪资结构是固定工资+利润分享计划+员工购股计划+损耗奖励计划+其他福利。单看固定工资，沃尔玛在行业内处于较低水平（为了压缩人工成本），但利润分享计划、员工购股计划、损耗奖励计划把员工的实际收入拔高许多了。

沃尔玛从1971年就开始实施利润分享计划，任何在公司工作一年以上或每年至少工作1 000个小时的员工都有分享公司红利的资格。公司有个计算利润增长分配百分比的公式，通常按照6%的比例来提留每一位满足条件的员工的工薪，替员工买公司股票。当他们退休或离职时就能以现金或股票的方式来获得这笔红利。有位1972年加入沃尔玛的货车司机，为公司工作了20年。当他在1992年离职时得到了70.7万元的利润分享金。按照当时的收入水平，已经不只是小富了。

员工购股计划是员工可以通过扣除工资的方式以低于市值15%的价格来购买公司的股票。由于利润分享计划与员工持股计划的大力推行，目前80%以上的沃尔玛员工持有公司股票，可分享公司营业收入增加带来的红利。从沃尔玛连续三年的营业收入位居世界第一的成绩可知，受益的员工不在少数。

损耗奖励计划指的是沃尔玛总部会对那些有效减少损耗的分店发放奖金。沃尔玛的核心竞争力是“天天平价”，这是以强大的物流及信息体系与竭尽所能地减少损耗为基础的。公司不惜重奖激励各分店想办法控制损耗，回报员工的努力，也是“员工就是合伙人”理念的重要体现。这项政策使得沃尔玛的损耗率仅为零售业整体平均水平的一半，竞争优势非常明显。

其他福利计划主要包括员工疾病信托基金、员工子女奖学金、带薪休假、借节日补助、医疗及人身保险等，这些福利计划从1988年就开始落实。以员工子女奖学金为例，沃尔玛集团每年会资助100名员工子女上大学，每人每年6 000美元，连续资助4年。

正是这种把员工当合伙人对待的人性化管理，让全球各地文化差异极大的沃尔玛员工都保持了较高的积极性。他们为了削减成本、降低损耗、吸引更多顾客而开动脑筋，提出了许多改善公司管理的合理建议。公司采纳这些合理建议后，运营效率获得进一步提升，盈利水平也随之上涨。而沃尔玛的利润分享等计划又使得广大员工能按照贡献充分享受到公司发展带来的红利。

这种良性循环的公司内部人际关系，是沃尔玛能不断前进、连续三年占据世界500强榜首的重要原因。

高层篇

阿里巴巴的干部管理机制

高层干部是企业的主心骨。无论基层员工如何新陈代谢，
只要高层干部队伍保持稳定高效，企业就能延续良好的发展势头。
阿里巴巴作为一家组织结构具有高度弹性的互联网公司，
在高层干部管理方面也下了很大功夫。

阿里巴巴对各级干部都要求反复锤炼，
不断提升他们带团队和管员工的领导水平，
同时还非常重视每个层级的新老交替，力求避免在重要岗位上出现人才断档现象。
此外，阿里巴巴的干部非常注意加强与员工的沟通，
以确保公司运转的畅通。
为了挽留高端人才、控制员工流动率，阿里巴巴采取了自成一体的策略。

第九章

干部培养：领导者也要时常回炉深造

优秀的公司都是靠一群出类拔萃的领导干部支撑起来的。因此，对干部的管理和培养也是人力资源管理工作的重头戏。

阿里巴巴要求每一位干部都兼具眼光、胸怀、实力，保持高昂的工作热情，忠诚于公司的发展目标。为了促进公司的发展，阿里巴巴多次整顿干部队伍的风气，甚至开除了一些满足于吃老本而不思立新功的元老级员工。公司内部还采取轮岗制度，以便培养一批通才型干部。与此同时，阿里巴巴还要求公司各级岗位的领导者都要以“一带一”的方式培养自己的后继人，以确保干部队伍的新陈代谢能够有序进行。这些措施使阿里巴巴的人才梯队始终保持着活力。

领导力：眼光、胸怀、实力缺一不可

每一个伟大的跨国集团都是由几个人的小公司发展而成的。这些公司在创业之初都缺乏雄厚的资金与稳定的客户资源，也没有得到市场认可的先进技术，唯一拿得出手的只有人才资源。优秀的人才可以开发出世界领先的技术，可以开拓海量的客户，可以争取到风险投资家的青睐。于是，通过创业人才的艰苦奋斗，原本微不足道的公司不断抓住一个个商机，壮大了自己的规模，最终发展成为令人瞩目的知名企业。

毫不夸张地说，人才资源是企业最宝贵的战略资源。只要拥有一批优秀的干部人才，公司不愁没有前途。

阿里巴巴的发展历程也证明了这一点。昔日挤在民宿里埋头苦干的创业十八罗汉，如今已经成为阿里巴巴集团旗下各部门及子公司的顶梁柱，继续带领各个事业群组开拓新的诗篇。

在干部培养方面，阿里巴巴一直抓得很紧，并有一套自成一体的理论。想要在阿里巴巴做领导者，必须在眼光、胸怀、实力三个方面超过其他人。

马云曾经对公司的大小管理干部说："我认为，领导者的眼光、胸怀和实力是最重要的。这些年来，我一直坚持这样的想法。领导者的眼光放不开是不行的，我们跟别人比赛，比的是谁看得更远，谁看得更高。生意越来越难做，眼光看得更远，走得就更远。企业要用各种各样的人，而有能力的人往往都有一点古怪，所以领导者的胸怀要能容纳千军万马，最怕的是跟员工比谁聪明。

"我现在不跟员工讲电子商务，因为我讲不过他们，他们天天用，淘宝网和支付宝的功能是如何做的，如果我都懂的话，我不是超人就是骗子。作为领导者，你一定要明白，每个领导都有比你更懂的人。"

现代企业管理理论中有不少关于领导力素质模型的论述，从不同的角度来探讨干部的领导力由哪些方面构成。

比如，美国心理学家麦克利兰提出的素质模型包括六大"素质族"并细分为21项通用素质要项；管理者胜任特征模型主要通过管理技能、个人特质和人际关系三个维度来评估领导干部的综合素质；四种能力论则根据自我管理能力、人际关系能力、领导能力与商业能力来判断领导者的水平。

相对而言，阿里巴巴的领导力理论简化为眼光、胸怀、实力三个方面，更符合中国人的思考习惯。

在大多数人眼中，领导者首先是以实力服众的。如果领导没有过硬的个人能力，办事缺乏主见，下属们就不会心甘情愿地执行指令，会把领导架空。但只靠个人能力镇住下属，也未必能树立起足够的威信。因为单打独斗与团队管理是两种完全不同的能力，个人能力突出的可能只是个业务标兵，大家佩服其实力，但不见得会服从管理。这时候就需要领导者以如海的胸怀驾驭众人，用人格魅力使他们折服。从某种意义上说，领导者的胸怀有时候比实力更重要。

有实力的人往往会傲气，难以包容不如自己的人，也不服超过自己的人。但胸襟广阔者能包容形形色色的人，成为协调众人的主心骨与黏合剂。这对一个团队非常重要。如果领导者没有容人之量，老是打压比自己能干的下属，就无法用好每个人的长处，只会让整个集体变得人心惶惶、四分五裂。所以，有些领导者可能在业务能力上中规中矩，但气量之大令所有人都信服，于是被大家诚心认可，愿意为之贡献聪明才智。

马云说："领导者的眼光和胸怀很重要，我们公司考核主管和干部的时候，有三个指标——战略、团队、结果。战略是跟使命感结合在一起的，战略就是你想干什么，而不是别人想干什么，谁是你的客户，你想提供怎样的服务。中国人很喜欢讲战略，我到现在也没搞清楚什么是战略，我只知道谁是我服务的对象，如何为他们服务好。"

这句话说起来容易，做起来难。在阿里巴巴的领导力模型中，眼光是很难修炼的一项。领导者的眼光主要体现在两个方面：一是看清形势，二是看准每个人。领导者作为团队的负责人，把握着整个集体的前进方向。看清当前及未来的形势，制定可行的战略方针，是领导者的天然使命。假如领导看错路，团队的精兵良将们再能干也是无力回天。领导者带队伍更多时候不是靠自己带头冲锋，而是用好团队中的每一个人。假如识人不明、用人不当，不但会造成无谓的失败，还会挫伤其他团队同伴的积极性。

所以，选拔和培养干部必须兼顾眼光、胸怀、实力三个方面，使之具备优良的综合素质，形成足以令广大员工信服的领导力。

整顿队伍，革除元老级“障碍”

一个人变得优秀不难，难的是一辈子保持优秀。这个世界变化太快，曾经纵横四海的佼佼者也随时可能落后于时代，变成衬托新一代英雄的背景板。所以，想要保持自己的先进性，唯有树立终身学习的观念，不断革新自己，与时俱进。

遗憾的是，并不是所有的人都具备这种前瞻意识。有些元老级员工会沉醉在昨日功劳中不可自拔，完全失去了当年创业时的激情与锐气，思想作风变得保守迂腐，成为团队进一步发展的阻碍。

马云曾经对“五年陈”员工讲过：“伟大的人和不伟大的人区别是什么？大家都要死的时候，你再往前挪一步，人家都倒下去了，你还站在那儿，你就算伟大的人。你们比绝大多数人都厉害和伟大，因为当时加入阿里巴巴的那么多人都放弃了，而你们没有放弃。既然不放弃，为什么不让自己往前走？

“在我们上市之前，我最担心的是你们这些老员工，我理解你们，你们跟我一样，真的很累，但我希望这种累不要变成心理上的累、行为上的累。很多人看着你们，如果有人说这个老员工每天不干活儿，还占着位置不肯走，当这种情况出现的时候，公司的灾难就来了。”

人的激情会随着时间而衰退，这是再正常不过的事了。所以，事业心强的人总是会不断为自己寻找新目标，保持自己的奋斗热情。但是，当一个人获得了很多财富和地位的时候，努力改变命运的紧迫性会下降，思维方式可能会变得保守僵化，做事也畏首畏尾。这样，对于公司发展的积极作用就会大大减少，也没有勇气和决心去解决影响公司未来的隐患。

前面提到的阿里巴巴在2011年的高层人事变动，就是一个很深刻的教训。

不得不引咎辞职的阿里巴巴集团前执行副总裁卫哲并不缺乏工作热情，也依然是阿里巴巴价值观的追随者。哪怕是他辞职后，马云都坚持认为他是一个好兄弟、一个好人。阿里巴巴其他高层管理者也曾向记者证实过马云对卫哲的欣赏。在阿里巴巴高层看来，卫哲个人的价值观并无任何问题，唯一的问题是他放松了对B2B公司价值观的宣传与对员工违规行为的监督。

在马云察觉B2B员工勾结商家作弊的情况前，卫哲并不是不知情，也不是没处理。然而，他只是满足于把作弊商家的比例从1.1%降至0.8%。这在电子商务同行中其实属于一个较低的水平，不算太严重。此外，卫哲并不清楚哪些员工在与作弊商家勾结，说明他并不打算斩草除根。

因为，卫哲虽然拥护阿里巴巴的价值观，但并不像马云等创业元老那样把价值观当成一触即亡的高压线，更多时候是按照职业经理人的思维方式去看问题。所以，他只是把这些负面现象控制在了比同行较低的水准，而没想过要严格执行公司的价值观。

根据关明生负责的“客户资质独立调查行动”向董事会汇报的审计结

果显示：2009年和2010年，分别有1 219名、1 107名阿里巴巴会员涉及诈骗全球买家，且有迹象表明，为了做出业绩，有员工默许甚至参与协助那些欺诈公司规避认证环节，加入阿里巴巴这一平台。

由此可见，就算涉嫌欺诈消费者的商家在阿里巴巴会员中占的比例很低，数量也是相当惊人的。正所谓千里之堤，溃于蚁穴。

马云评价此事："假如六个月以前，B2B管理层是像我今天这样处理事情（即成立特别小组秘密调查），他们今天就不是这样的结局；假如我今天看见了，我不这么处理，而像他们那样熟视无睹，六个月以后董事会应该把我开了，我应该引咎辞职。很简单，这就是游戏规则。"

而卫哲自己也在公司内部邮件中说："我加入阿里巴巴四年多，已经是三年的阿里人，正在走向五年'阿里陈'！这四五年里，我刻骨铭心地体会到以客户第一为首要的阿里巴巴的价值观是公司存在的立命之本！尽管我们是一家上市公司，但我们不能被业绩所绑架，放弃做正确的事！"

阿里巴巴在2006年年底引进了卫哲，他在此之前被评为2004年度"中国七大零售人物"和2005年度"中国零售业十大风云人物"。他进入集团的时间并不长，但已经具有元老级人物的实际影响力。阿里巴巴高层其实对卫哲的能力与勤奋至今评价很高。但公司发生了如此严重的大面积违背核心价值观的行为，必须有领导者站出来承担责任。

假如没有魄力铲除阻碍公司发展的因素，昔日功臣也可能变得晚节不保。此中教训，发人深省。经过这次整顿，阿里巴巴B2B事业浴火重生，堵上了很多漏洞，也再一次让整个管理层重新认识了"客户第一"与"诚信"两大核心价值观。整顿的过程虽然痛苦，但结果可以告慰众人。

轮岗制：培养通才型领导者

人力资源管理学中的领导力模型要求领导者拥有全面的综合素质。由于现代企业营运越来越复杂、专业分工越来越细致，过去那种面面俱到的通才型领导者很难再出现，只能用优势互补的完美团队来代替个人英雄。但过于专注单一业务的领导者，视野比较狭窄，能力不够全面，有很大的局限性。

阿里巴巴的企业组织结构比较灵活，经常把高层管理团队派去经营一个新的事业群。只是专精一域而不管其他的领导者无法承担这副重担，唯有通才型领导者才能独当一面。

为了培养通才型领导者，也为了避免各部门产生本位主义的局限，阿里巴巴高层管理团队采取轮岗制，隔一段时间就让不同的高层管理者调换职务。

比如，邓康明在进入阿里巴巴前是做人力资源管理工作的，加入阿里巴巴后也干了一段时间，在2006年初改任主管渠道和大客户的事业部总经理，变成了销售干部。有趣的是，他被招进阿里巴巴人力资源部是为了接替某位换到销售部门的创业元老，公司这次轮岗又把那位元老调回来主抓人力资源工作。

阿里巴巴创业十八罗汉之一的戴珊先后轮换过销售、市场推广、人力资源等11个不同的岗位，后来担任阿里巴巴集团CCO，领导新成立的集团客户服务部。

2007年有四位阿里巴巴高层管理者辞职，公司随即来了一次大规模轮岗。支付宝总裁陆兆禧接替辞职的孙彤宇担任新的淘宝总裁，集团资深副总裁金建杭接替中国雅虎CEO曾鸣，原先从集团参谋部调到雅虎的曾鸣则恢复集团参谋长的原职。

2009年，阿里巴巴一下招聘了5 000多名员工，此后集团的人力资源净增速度一度放缓。到了2012年时，阿里巴巴共有25 000多名员工，平均年龄在27岁左右。庞大的新员工队伍为集团注入了新鲜血液，也使得阿里巴巴把重心放在消化新增力量上，对中高层岗位进行了又一次大轮换。

2012年3月份，阿里巴巴对22名中高层干部进行调岗，很多人都换到了与此前业务差异很大的新岗位。

阿里巴巴主张各部门的员工通过轮换来了解其他岗位的运作情况。让销售人员到后台，让后台到前台，集团各个事业部的业务经理也定期在国内不同区域市场调动，借此掌握更多业务技能，开阔视野，拥抱变化。

当然，实施轮岗制度并不是没有弊端。

每个部门领导长期经营某项业务和某个区域市场，车轻路熟，功勋卓著。一旦换到陌生的新岗位，此前积累的所有成果都要拱手让人，而自己又得重新学习业务，从头开始打拼基业。这在短时间内会让许多中高层干部的个人利益受损，而且在大轮岗后公司业务的增长会在短期内有所放缓。

但是，实施制度可以帮助阿里巴巴的中高层干部获得更好的成长，全面提升他们的综合素质。同时，可以帮助中高层干部对整个集团的运作有更完整的了解，并学会换位思考，提高各部门之间的协作水平。

阿里巴巴坚持以轮岗制培养通才型领导，锻炼出了一支能够哪里需要哪里搬的大将团队。

各级接班人要“一带一”地培养

2007年6月13日，马云曾在阿里巴巴英文网站做了一番讲话。他提到：“这两年，阿里巴巴碰上的最大、最头痛的问题，就是我们管理层的领导力开始严重减弱。但是，我们现在没办法，我们的战线拉得稍微长了一点，大批人进了淘宝、支付宝、阿里软件，还有大批人在雅虎上花时间，所以我们管理层的整个团队非常薄弱。”

针对管理层领导力下降的不利局面，阿里巴巴董事会当时发布了一道命令：在未来五个月内，集团的B2B人才一律不得向其他外部公司调动，哪怕是把一名普通员工调到外部公司，也必须经过集团CEO批准。

由此可知，高速发展让阿里巴巴高层岗位的人才一度出现严重缺口。当初公司规模小的时候，精英集中在B2B团队，办事效率最高。而这些精英放出去独当一面后，阿里巴巴最核心的B2B团队整体素质下降，新补充进来的人未能迅速填补那些精英留下的空白。

经过这次教训，阿里巴巴董事会高度重视各级管理岗位的接班人问题。但并不是每一位干部都有主动培养接班人的意识。

马云对这种现象批评道："企业都很担心掌握核心业务的员工走掉，如果这个人走掉了，业务就没有了。有时候，经理的权力比总经理还大，因为他掌握了很多业务。中国的很多干部都是义气干部，上面的领导一下来，他顶着；下面的事情，他帮手下的人扛着。还有一些人是劳模干部，本来每天干10个小时，领导让他当了经理，他觉得领导喜欢自己，当上了经理，每天干12个小时。我要求我们的干部管理团队在问题发生之前就把问题处理掉。如果你今天做的工作，只是为今天而做，那就很危险，你做的任何决定都要基于公司3—6个月之后会发生的情况。"

阿里巴巴既不需要把什么问题都揽在自己身上的义气干部，也不需要只想着努力回报上司栽培而不去栽培下属的劳模干部。假如找不到代替你的人，你将失去成为上一级领导的机会。

为此，阿里巴巴希望各级管理岗位的干部都有"从公司内部找到超过自己的人"的胸怀与意识，主动为公司发掘人才，培养自己的接班人。按照马云的设想，各级岗位的管理干部就算到外地出差六个月，也能让代理工作的接班人把部门管得井井有条，才算得上是会用人、会提拔人的领导。

干部是建立组织的火种，只有大量储备干部，组织才能保持强大的战斗力，避免因扩大规模而造成整体实力的下降。

通过让各级岗位干部"一对一"地培养接班人，阿里巴巴的人才梯队越来越壮大。这使得集团在快速扩大业务规模的同时，不再出现各事业群争抢人才资源的窘迫局面。各个岗位都有足够强大的替补队员来填补原领导离任后的空白。就算老功臣离开了，新干部也能继续保持部门团队的高效率，不至于造成业绩下滑。

阿里链接：不同时期需要不同领导者

我从1995年开始创业，目睹了1997年的金融风暴，特别是自己被送进炼炉里烤了烤，那种感觉令我终生难忘。很多人觉得，我怎么没有成为阿里巴巴的那18个人，2001年的时候我怎么没有去阿里巴巴，“非典”的时候怎么没有去阿里巴巴？从今天来看，这些都是机会，但在当时，当你到了这些机会门口的时候，你会觉得，这怎么是机会，这是灾难。

其实，当初我把那17个人召集在一起的时候，对他们来说确实是个灾难——其他的公司不去，来做前途未卜的阿里巴巴。2001年互联网泡沫泛滥的时候，很多人心想我怎么那么倒霉，什么工作不好找，怎么跑到淘宝来了，碰到了裁员！“非典”的时候被隔离，有多少人心里很难过，认为是灾难。但是，过去了以后，所有人都认为那是机会。

今天我们兵精粮足、现金充裕、人才齐备，今天我们已经看清楚了未来。我们看到了电子商务的机会，我们看到了新的出口机会，我们看到了内需市场的机会。在今天这个形势下，如果我们能渡过难关，我们就将成为伟大的公司。任何一家伟大的公司都必须在非常残酷的形势下接受洗礼。在所有人唱歌、跳舞的时候，我们讲话一定要轻；在所有人冷静下来的时候，阿里巴巴必须发挥自己的作用。今天是阿里巴巴该采取行动的时候了。虽然我们面临着一次世界危机，但我们也面临着一个百年难遇的机会。

等我们60岁以后，我估计我们没有这个力量了，但今天我们年富力强。如果失去了这个机会，我们一辈子都会感到遗憾。这次，我们要正式启动阿里巴巴B2B商业模型的升级，这样的事很多人一辈子都很难有机会参与。我们公司用9年时间走了一家平常的公司用25年才能走完的历程。想要达到收入30亿元、利润十几亿元的目标，传统行业的公司至少要走25年。

一般来说，公司成立后，前5年不赚钱，后5年开始赚一点钱，慢慢突破1亿的利润。然后，从1个亿的利润走向5个亿的利润，需要5年时间。从5个亿走向10多个亿，要10年时间。能用25年的时间做到这个水平，已经不错了。经济形势发生了变化，企业必须转型。转型是企业发展过程中最艰辛、最痛苦的事。

去年年初，我们讨论后，觉得经济不可能永远这么好，任何东西都有周期，阿里巴巴B2B必须进行商业模式的升级转型。阿里巴巴还有几个“孩子”，还很小，还需要吃奶，所以我们做了先期上市准备，做了全面应对危机和模式升级的准备。阿里巴巴的股价跌，我说没关系，会涨回来的，这是因为经济形势不好，怪谁都没有用。

外部有不少言论，杯酒释兵权、阴谋论，我一上任，先把老干部给“杀”了。我为什么做这些事情？改革最艰难的是从领导层改起，必须让新的领导班子上来。新的领导班子要能适应环境，最大限度地发挥自己的作用。我们必须走这一步，这一步是非常痛苦的，我也痛苦。深爱公司9

年的创业元老，每年都希望给自己一个月的休假吧。可是，真的到了要离开、能休息的时候，痛苦是很大的。

老员工要走，我舍不得，我难过，但是他们必须走，不走阿里巴巴今后怎么办？我们必须让新人进来，带公司再走5年、10年。那么，这些新进来的人跟以前的文化怎么融合？阿里巴巴在不同时期需要不同的人员，不能老停留在创业时期。创业精神要保留，但也需要不同的领导者，需要新的力量。外部是这样，内部也是这样。在改革的同时，你会发现，淘宝、支付宝、阿里软件都要开始这些变革。

从今年3月份开始，雅虎、口碑（网）合并，整个路子开始慢慢形成。在四五月份的时候，当我们正忙着国内公司的时候，突然来了一场大地震。地震给我们带来了巨大的冲击，很多人批评我们只捐一块钱，谣言纷飞。

五六月份，我们做了全面改革的思考。6月份到7月份，整个集团全面进入过冬准备状态。事实上，发出“过冬论”这封信的那一天，我们已经开始全面展开了应对策略。我们当时的口号是：深挖洞，广积粮；做强做好不做大；逢单出击，逢双休息。在别人刚开始应对的时候，我们已经能够掌握局势了。我们必须把这个机会把握住，如果不把握住这个机会，我们前面所有的预测和判断都是白费。

最后，为了过冬，我们要做些什么？一句话，我们要做的就是Back to Basic（回归基本点）。什么是我们的基本点？就是我们的使命感、价值观。我们要回归我们的使命感、价值观，回归客户第一，回归我们当初的激情和敬业精神。我为什么1月份比较烦躁？有一个原因，那时候我看到股价还在涨，我知道阿里巴巴的团队不可能静下心来做事情，只要大家每天看到的是股票，就不可能静下心来。

我感谢这次金融风暴。它告诉我们，阿里巴巴的股价也会跌，而且会跌到3块钱，但我们可以从3块钱这里继续往前走。阿里人的友情永远在，阿里人的铁血精神、兄弟情深永远在。今天，我们已经站在同一条船上，网站、客户、直销等部门必须同舟共济，合力渡过难关，帮助阿里巴巴升级，帮助中小企业挺过难关。是使命感驱使我们帮助中小企业渡过难关，是使命感驱使我们回到客户第一、诚信、敬业、激情、团队和拥抱变化。这两三年内，所有人要扎扎实实、踏踏实实地走。

让天下没有难做的生意——阿里巴巴集团的这个使命不会改变。在未来5年，我们会把这个使命更加具体化：打造开放、协同、繁荣的电子商务生态圈。5年以内，我们的战略定位是，阿里巴巴集团是电子商务的运营商，提供电子商务基础设施。也就是说，将来所有企业从事电子商务，我们将会提供“水、电、煤气”。

我们的愿景是：成为一家持续发展102年的公司。我们以前有个目标，要成为全球三大互联网公司之一，今天我们把这个目标修改为：成为全球最大的电子商务公司，也有可能成为全球最大的互联网公司。我们最关心和最希望投入更多精力的是，成为全球最佳雇主。我相信，我们的员工有很多的委屈，遭遇到很多的不公平、很多的沮丧、很多的压力，这些是一个团队在发展过程中避免不了的。在成为全球最佳雇主以后，我们可能仍然不完美，但我们不要怪领导、同事和外部环境，而要继续努力往前走。

……

我相信，阿里巴巴人有机会创造电子商务的历史，有机会创造互联网的历史。我真心想跟大家一起渡过经济危机这个难关，想跟大家一起参与阿里巴巴整个集团的商业模式的转型和升级。在灾难过后的3年内，等经济重新好起来了，我们将成为全世界最强大的电子商务集团。

今天很多人还拥有阿里巴巴的股票，很多人可能在二十几块钱的时候买进了阿里巴巴的股票。今天股价掉成这个样子，我知道大家很难受，但是我觉得它会涨回来。我们要永远记住，在2008年，在中国最混乱、最复杂、最精彩的一年，我们的股价曾经跌到过3块多钱。这将成为历史，再也不会回来。

从11月1日开始，阿里巴巴集团将进入把握机遇、重塑自己、回到基本点的时期。3年以后，我相信阿里巴巴将跟今天我们看到的完全不一样。但是，改革是痛苦的，改革是沮丧的。我全力支持现有的阿里巴巴领导团队进行大胆的改革，进行模式的提升，回归阿里巴巴的使命感、价值观，全力以赴帮助我们的客户渡过难关，帮助中国的企业扩大内需，帮助更多的人就业。我也拜托大家，所到之处，必须彰显阿里巴巴的精神、文化和价值观。

（本文为马云于2008年11月1日在阿里巴巴集团内部会议上的讲话的节选。）

拓展阅读：IBM长板凳计划与全球选聘CEO

美国的棒球场旁边总是放着一条长板凳，上面坐满了替补球员。假如比赛过程中需要换人的话，长板凳上的第一名替补队员就会被换上场，而原先排第二位的队员则自动移到第一个位置，其余的替补队员也依次移动位置。由此空出来的座位属于刚刚被换下场的队员。于是这条长板凳始终保持坐满人的状态。每到下一次换人时，所有坐在长板凳的队员又如法炮制，有序地改变位置。

IBM公司受此启发，把自己的管理岗位接班人培养机制称为“长板凳”计划，取其依次有序增补空位之意。

每个知名企业都会从内部员工中培养新的干部。IBM公司的“长板凳计划”正是一个典型的内部培养接班人计划。公司要求管理者必须确定自己的岗位在未来1—2年和3—5年的接班人，并保证每个重要岗位都有2个以上替补队员。

长板凳接班人计划有着成熟的体系，具体包括四大内容：

首先是考察标准。根据领导力模型下分的四个方面来考察和培养接班人。四个方面包括：

（1）必胜的决心，含行业洞察力、思维创新能力、达到目标的意志力3项素质。

（2）快速执行的能力，含团队领导力、直言不讳的沟通、团队精神、决断力4项素质。

（3）持续的动能，含培养组织能力、领导力、工作奉献度3项素质。

（4）核心策划，主要指找出公司内部有潜力的员工并能有意识地培养他。

其次是两个培训序列。IBM的接班人分为行动序列和专业序列两个体系，培训系统也根据专业技术人才和有管理潜质的人才两大类型来设置不同的系列，让接班人根据自己的情况选择成为技术领导或高级主管等不同职业的发展方向。

再次是三种培训方式。主要分为案例培训、实践训练、明日之星培训三种模式。案例培训方式是通过案例讲座与角色模拟训练来锻炼接班人的技能。实践训练主要是老员工对新员工进行“传帮带”的“良师益友”计划、“特别助理”计划、“外派到客户”学习以及岗位轮换等措施。“明日之星”的培训是按照“新人——专业人员——领导人——新时代的开创者”的模式层层递进，为IBM不断发掘“明日之星”。

最后是评委审定接班人。由技术、市场、销售等多个部门的高级经理联合组成评审委员会，对公司的“明日之星”进行评审。候选接班人要通过答辩才能成为正式的高级专业技术人员或高级管理干部。比较有意思的是，IBM评审委员会对接班人业绩的考核包括候选接班人自己的业绩与帮助下属成长的业绩。

IBM每年要从全球5 000多名管理者筛选近300人来重点培养。根据上述内容，培训分为四个阶段：第一阶段，训练入围者的各种业务技能；

第二阶段，通过横向轮调来积累他们在不同岗位上的工作经验；第三阶段，是以业绩导向为主的考核；第四个阶段，要求他们把个人成功上升为团队成功。

进入20世纪90年代后，不可一世的IBM却陷入了崩溃的边缘。1992年，IBM亏损了50亿美元。尽管有严格的“长板凳计划”，但偌大的IBM公司依然找不出足以扭转乾坤的内部人才。

迫不得已，IBM放下身段，向全球招募CEO。最终，郭士纳从100多名应聘者中脱颖而出。他在1993年愚人节那天从前任总裁埃克斯手中接过大权，担任IBM董事长兼CEO。

当时IBM正面临着被肢解的危机。郭士纳临危受命的第一年，IBM就亏损了81亿美元。作为“空降兵”，郭士纳面临着来自企业内部保守派与外部舆论的双重压力。他力排众议，大幅削减营运成本，说服董事会对公司进行结构重组。郭士纳大刀阔斧地废除了各项僵化的制度，砍掉了许多不必要的会议，采用股票期权和金钱奖励来激发员工的工作积极性。

在郭士纳的努力下，IBM公司在1994年扭亏为盈，盈利多达30亿美元。自此以后，IBM连年丰收，重返巅峰。2002年年底，大功臣郭士纳宣布退休时，IBM的股价上涨了10倍。

第十章

沟通机制：交流是最有效的感情投资

沟通在人力资源管理中发挥着重要作用。公司这种正式组织内部，存在着形形色色的非正式组织，有时后者比前者的实际影响力更大。因此，人力资源管理必须做好沟通工作，通过情感联络来赢得员工的支持，掌握公司各方面的动态。这样才能改善公司的管理水平，提高全体员工的工作效率。

提倡“快乐工作”的阿里巴巴自然也不会忽视沟通问题。随着阿里巴巴的不断扩张，特别是并购了一些企业后，大量新员工的集体加入会引发“文化稀释”现象，他们此前的企业文化会与阿里巴巴的价值观念存在不同程度的冲突。唯有畅通的沟通机制，才能让他们加深对阿里巴巴文化价值观的认同，从心理上成为真正的“阿里人”。

用欣赏的眼光看其他同伴

沟通在人力资源管理工作中起着至关重要的作用。无论是组织内部对人才的管理，还是协调与其他部门之间的关系，都离不开畅通而有效的沟通机制。当一个企业的沟通机制足够健全时，管理层才能全面了解员工们的思想精神状态，发现他们的潜力与不足，及时化解矛盾，增强团队凝聚力。

从某种意义上讲，沟通是最有效的感情投资，要做到这点就必须学会用欣赏的眼光看待其他同伴。傲慢的态度是沟通第一大忌。大家对自己看不起的人肯定是“话不投机半句多”，对自己尊重的人则恨不得聊上三天三夜。抱着尊重和欣赏的态度与员工交流，是阿里巴巴干部的必修课。

马云曾经对员工强调：“领导者要谦虚，要懂得尊重别人，用欣赏的眼光看别人。……他最有魅力的一招儿不是他的语言，而是他跟人讲话的时候，不管对方是谁，他的眼睛都注视着对方，让人感觉这么高高在上的人，却那么平凡。领导者要体现出自己的价值，你要让你的团队感受到来自你的强大支持。绝大部分人对现状都是不满意的，当你真正要改革的时候，提出意见的一定是他们，而且身体力行地支持改革的也一定是他们。”

领导者肯定有很多比普通员工优秀的地方，但每个员工也有自己的优点，其中某些人说不定还隐藏着成为高级干部的潜质。假如领导者没有谦虚精神，不懂得欣赏他人，就无法真正看清下属的实力和潜力，从而无法充分发挥他们的聪明才智。当员工的潜力被压抑时，整个团队的实力将会不断退步。

阿里巴巴倡导以人为本的精神，要求各级管理干部对员工常怀感恩之心，甚至把员工的利益排在股东之前。在这点上，马云一直在为众人做表率。

马云感慨道：“阿里巴巴走到现在，经历了很多坎坷，我非常感谢阿里巴巴的销售人员，是你们一点一滴的努力，使阿里巴巴有了今天这样的影响力。或许有些人大学一毕业就加入了我们公司，一做就是很多年，我相信大家一定感到过疲惫，感到过厌烦，或许还遭到过家庭的埋怨，经受了很多诱惑，能坚持下来，而且做得这么好，真的很不容易。我看到有些人老了很多，也成熟了很多。你们是阿里巴巴最珍贵的脊梁，很多人看到你们还在我们公司，心里就有底气。我也是如此，如果我到各个办公室，看到的还是你们这些人的脸的话，我就知道，不管遇到什么困难，阿里巴巴都会扛过去的。”

在多次内部讲话中，马云都把自己说成是普通人，把成功归因于员工的能力与抓住了市场良机。这种欣赏其他同伴的谦虚态度，不仅让员工士气振奋，也让阿里巴巴集团贯彻了培训新人时“沟通无界限”的观念。上下同心同德，企业自然会无往不利。

阿里巴巴有个响亮的口号——“我们都是平凡的人，在一起做一件不平凡的事。”自认平凡并非看轻自己，而是坚持谦虚为怀，学会尊重他人，欣赏同伴。大家相互欣赏，相互勉励，为了共同的目标而并肩作战，成就不凡。这是最佳的沟通效果，也是阿里巴巴一直以来的努力方向。

外行可以领导内行，但前提是尊重

古今中外有很多事业就败在“外行领导内行”这点上。外行的领导有决策权却不懂业务，很多决定都是拍脑袋想出来的。而内行的人没有决策权，只能按照指令办事，没法让公司的事业回归正常的轨道，也无法充分施展自己的才能。最后的结果通常是外行的领导把失败的责任都推给自己的下属，然后继续拍脑袋决策。而内行的员工跳槽到竞争对手那里，反倒做出了一番成绩，把原公司逼到了死角。

所以，有远见的企业都会尽量避免外行领导内行的情况，提拔管理干部时非常挑剔其专业能力。这种做法在互联网公司十分常见，比如腾讯、百度、奇虎360等国内互联网领军企业的创始人几乎都是工程师出身。也正因如此，公司发展得到了充分的智力支持，没有陷入外行决策者反复瞎折腾的怪圈。

相比之下，阿里巴巴就是互联网行业中的异类。其创始人马云并不是技术人员出身，甚至并不比某个开淘宝网店的小商贩熟悉电脑操作。对于这点，他自己毫不避讳。

马云在一次演讲中提到："到今天为止，我几乎是一个电脑盲，我只会收发电子邮件和上网。很多技术专家经常把技术看得非常重，我一直觉得，不懂技术没关系，真正的技术从来都是为不懂技术的人服务的，我们这些不懂技术的人创造了全球最大的电子商务公司，所以我认为外行是可以领导内行的，关键是要尊重内行。"

外行领导内行现象产生的一个原因是社会分工差异。所谓外行的领导，在管理方面往往是一个内行，只是他们并不见得懂具体的技术和业务。

以马云为例，他不懂互联网技术研发，但他非常了解中小企业的互联网需求，也清楚电子商务的发展方向该往哪里走。最重要的是，他是个组织管理专家，能够掌控好企业整体运营，让不同岗位上的内行专家围绕统一的战略目标工作。他是管理上的内行、技术上的外行，但搞研发的工程师是技术上的内行、管理上的外行。假如管理者不尊重工程师在技术领域的专业性，就变成了"技术外行+管理外行"的最糟糕搭配。

反之，如果管理者充分尊重工程师，让他们放手发挥自己的技术专长，就形成了"管理内行+技术内行"的格局。不懂技术的马云能把一个小公司发展成全世界最大的电子商务公司，其实靠的是专业的管理技能。从这个意义上说，这不是外行领导内行，而是不同类型的内行人士搭配而成的强强组合。

遗憾的是，不少领导缺乏这种分工合作的意识，妄图自己搞定所有的事。对于这种错误的做法，马云给出了非常有借鉴价值的管理经验。

他说："我常常想，为什么我不懂技术，还搞了一家技术公司，而且快快乐乐的？我从来没觉得自己不懂技术是一种耻辱，或者为此感到难为情。我觉得外行是可以领导内行的，不懂没关系，关键是要尊重内行。我从来不跟工程师吵架，他们讲的东西我听不懂。他们说，你怎么这样想？

我说对不起，我是你们的老板，我觉得我的想法代表了中国80%不懂计算机的人的想法，你们只要做出我会用的东西，就成功了。至于怎么做，我从来不干涉他们，因为我也听不懂。”

工程师由于技术水平太专业，很难体会到普通用户的感受。而马云熟悉普通用户的特点，弥补了工程师的思维盲点。这在工作中就形成了一种互补性。但他不会在技术领域冒充内行，提出了设计要求后，就让工程师们按自己的方式放手去做。因为马云知道，胡乱插手只会把事情变得一团糟，信任工程师的专业能力，既能提升下属的士气，又能让自己省心省力，何乐而不为呢？

正是这种充分尊重内行的沟通方式，让“外行”的马云能管理好各式各样的“内行”，维持了阿里巴巴团队的流畅运转。若非如此，非技术人员出身的他也无法成就今天的事业。

避开“鸡同鸭讲”的沟通误区

互联网生活的节奏深刻地影响了大家的工作习惯，最主要的体现是我们的思维越来越碎片化，沟通交流也越来越缺乏耐心和细心。

层出不穷的社交媒体让人们的沟通手段越来越丰富，却又让大家变得越来越话不投机。许多互联网用户在社交媒体上指点江山、激扬文字，却经常对他人发布的内容断章取义，大加挞伐。其实细究起来的话，很多争论只是由于沟通不畅造成的误会，只要耐心沟通就可以避免。遗憾的是，参与对话者往往只顾自说自话，而不注意理解对方的意思，从而陷入“鸡同鸭讲”的沟通误区。

“鸡同鸭讲”是广东俗语，意思是双方无法正常沟通、相互理解。如果一个企业内部各团队屡屡出现配合不力的问题，很可能是因为存在“鸡同鸭讲”的现象。各方不知道该怎样协作，也无法让其他部门了解自己的实际情况，都只是站在自身的角度看问题，把责任推给别人。这样的公司就算拥有很多精英人士，也形不成合力，事业就会寸步难行。

阿里巴巴自成立开始就是一个非常国际化的公司，拥有来自多个国家和地区的精英团队。如何让多元化的人才之间保持良好的沟通，是一个必须重视的问题。

马云曾经在员工大会中说："最关键的是，领导者要跟你的团队充分沟通。一个埋怨上级的人，你永远不能提拔他。比如说老板是混蛋，再混蛋，做你老板也是有道理的。埋怨平级和埋怨下级的人，你也要让他们离开。"

这段话恰好指出了团队内部沟通的三个维度：与上级的沟通、与下级的沟通、与平级的沟通。

与上级的沟通主要包括工作汇报、接受指示、提出意见或建议内容。在沟通机制畅通的公司中，员工往往比较坦承，有问题时主动与上级沟通，而不是搞当面迎合、背后唾骂的两面派行为。比如，连续三年蝉联世界500强首席的沃尔玛集团就鼓励员工大胆进言，多为公司发展提合理意见。沃尔玛的员工也以高度的责任心为公司提出了无数改善工作的建议，成就了公司，也成就了自己。

与下级的沟通主要包括指导工作、听取报告和建议等内容。有水平的领导总是能先一步察觉下属的问题，与之进行心平气和的沟通，不把问题积累到要靠发火来惩戒的程度。他们还善于听取意见，尊重下属并且能激发下属的工作积极性。

与平级的沟通主要包括与团队中同等职位成员的交流，以及跟其他部门、团队、项目组协调工作。这种横向沟通不同于上传下达的纵向沟通，更加考验领导者的水平。精于此道者能够协调好自己与平级同事之间的关系，促进部门甚至整个公司的润滑运转。

以上三个维度的沟通，在日常工作中都会出现。我们应当注意避开以下几种沟通误区：

1. 不给对方说话的机会

沟通不畅的一大原因是无法充分表达意见。别人老是不给你发言的机会，你自然也无法与之“坐下来好好谈一谈”。所以想要加强沟通，首先得让相关的人能够畅所欲言。如果大家心中的想法不能充分表达出来，沟通根本进行不下去。

2. 不注意倾听

所有“鸡同鸭讲”的无效沟通本质上都是出在“听”的问题上。不少人缺乏倾听意识，不管对方的本意如何，只顾着表达自己的态度和情绪。没有听明白沟通对象所表达的意思，双方是不可能在任何问题上达成共识的。

3. 缺乏经常性沟通

每个部门或团队都有一定的独立性，使得公司会自然而然地出现许多小圈子。想要做好一个项目，少不了各个小圈子之间的协调与交流。每个小圈子平时都有自己的一套工作方法，并不了解其他圈子的情况，他们未必会按照其他部门或团队的要求来进行配合。这就需要各个部门平时要进行经常性沟通，让各团队成员清楚其他团队的动态。

人力资源管理工作需要与公司内部方方面面打交道，所以，人力资源管理者应当比公司其他部门更加重视沟通问题，以便准确掌握公司发展动态与员工的情况。尤其是在招聘和培训等环节，人力资源部门必须与提出用人需要的相关部门进行深入沟通，以确保招聘和培训出来的人才满足其岗位要求。

阿里链接：用沟通与胸怀消解“文化冲突”

领导者要体现出自己的价值，你要让他的团队感受到来自你的强大的支持。绝大部分人对现状都是不满意的，当你真正要改革的时候，提出意见的一定是他们，而且身体力行支持改革的也一定是他们。

领导者要不断地提升自己、改进自己。阿里巴巴的老员工是我的合伙人，他们自我提升的成功，是公司最重要的成功。我们必须知道自己从哪里来、想干什么。我们这块土壤，不管是盐是碱还是酸，我们都要适应它，彻底地适应它。等到你适应的时候，你有的是上升机会。

我很少从业内请人过来当管理层，今天中国真正懂得互联网的人没几个。你可以说新浪这么做、搜狐这么做、网易这么做，但它们已经成为过去式了。阿里巴巴是一只与众不同的动物，它不是马，它是一只老虎。搞互联网需要一定的技术，有意思的是，我可能是中国唯一不懂技术却活下来的人。我没骑过马，没有骑马的技术，被扔到老虎背上，居然骑着老虎活了下来。

大家看张朝阳、丁磊、马化腾这些人，基本上都是互联网专业人士，都是技术人员出身，创业很成功。当初做互联网的，十个人里有八九个失败，都是技术人员，活下来的就那么一小撮。我是这十个人里唯一不懂互联网却创业成功的。

我跟阿里巴巴的人讲，不管你们从哪里来，你们都要把以前的从业经验忘掉，把以前的东西尽量忘掉。学过MBA的人，只有忘掉MBA的一切，才能成为真正的高手。我听有的员工说，以前我们公司是这么做的。别跟我讲以前你们公司是这样的，别说MBA案例是这么说的，我就不要这么做。要成为优秀的公司、优秀的领导者，就要忘掉自己的强项。如果你天天记得以前的事情，那你是不会创新的。你把以前的经验搬到这里来，甚至拿做传统行业的经验来做互联网，失败的结果是可以预见的。做人做事都一样。

我们的困难之处在于，我们没有人可以模仿，没有人可以拷贝，没有人可以教我们怎么做。谁能够帮你？你的团队、你的客户能够帮你。

互联网是一个生态链，绝对不可能只有几个超级大网站。就像海洋里不能只有几条鲸鱼、鲨鱼，而没有大量的虾米。如果没有小鱼小虾，鲸鱼、鲨鱼都会死掉。如果无数的中小型网站、博客、论坛不能活下来，那大网站也会死掉。阿里巴巴必须建立生态链，我们必须为将来的生存环境而发展。

阿里巴巴要感谢中小型网站，没有中小型网站，几个大网站一封杀，淘宝就没了。至于做这些事情赚不赚钱，我们不要去考虑，今天的阿里巴巴有能力去做一些战略性的事情。战略永远是重要而不紧急的事情，生态环境是既重要又紧急的事情。

我希望我们所有的高管要用欣赏的眼光去看我们这个公司，去看我们这些人。我们这些人还是能做出一些东西的，要让自己融进这个团队。那些自以为聪明、能干的人，都半途而废了。你们这些人是聪明，但我见过更聪明的。2002年，我在香港见的那些人不得了，讲战略、做技术，个个能干，没人看得起杭州团队，觉得杭州团队太土了。杭州团队什么文凭？本科生，我还是个大专生。他们都是博士，很多人是跨国公司的副总裁，听起来很可怕。

其实，伟大的人跟平凡的人是没有区别的，因为平凡和伟大是联系在一起的。伟大的人一定是很平凡的。如果你能想清楚这个道理，我觉得你就学会了怎样做人。

很多人认为阿里巴巴的人怎么那么厉害，我不认为阿里巴巴有伟大的人，至少马云肯定不伟大。今天，好的是我的功劳，坏的也是我的错误，其实好的可能跟我没有关系，坏的可能也跟我没有关系。我并不伟大，我也是很普通的人，如果马云是一个伟大的人，那这个公司就废了。

有一点我要感谢大家，因为他们的努力，我才可以想别人不敢想的东西。如果没有淘宝、阿里巴巴、雅虎、支付宝的基础，阿里妈妈会成长得这么快吗？很多人有想法，但没有现实基础，所以做不出来。我们刚好既有想法，又有现实条件，两者结合在一起，就做成了。

阿里巴巴从CEO到所有员工，都是普通人。我们并不聪明，但我们比别人执着，我们不愿意放弃，特别是那些从美国回来的人，我们一直在学习。

我在公司内部开玩笑说：B2B是初中生，淘宝是高中生，支付宝是本科生，雅虎是留学生。留学生回国后，一旦适应了国内的土壤，那是很可怕的。今天，我们和国外回来的人真的像兄弟一样，我们适应他们，他们也适应我们。我们能活下来，一定有自己的独到之处。西方的公司，比如IBM，做得这么大，也一定有自己的独到之处。在两种文化相互撞击的过程中，谁放弃了，谁就是失败者。我们阿里巴巴的人，没有办法放弃。

我们跟eBay较量的时候，eBay失败了，还可以撤出中国，阿里巴巴要是失败了，能撤到哪儿去？我们无路可退！这是我们能打赢的一个很重要的原因。淘宝要是失败了，我们就没脸出去了。雅虎中国也要做好，因为现在我们属于同一个集团了。你总不能说把雅虎再卖出去吧，要是能卖出去，我2006年就卖出去了。

我们今天做任何事情，背负的都是整个集团的荣誉。eBay要18个月把淘宝灭了，我们就活19个月，我们坚持下来。欧美等发达国家的企业有着比较完善的制度体系和治理机制，而中国虽然资本主义萌芽很早，但真正开始公司运作是在改革开放以后，超过二十几年的企业很少。所以，我们没有成熟的套路可循，只能按照自己的设想，根据自己对形势的判断来做出决策。

留学生来到阿里巴巴以后，可能会觉得，沃尔玛是这样的，IBM是这样的，为什么你们不是这样的？我们就不是这样的。我希望我们有一天能成为沃尔玛、微软、IBM、GE这样的公司。你要成为它们，首先要了解它们。我们对GE可以说是非常了解，中国的很多制造业企业对GE的了解，绝对没有我们透彻。我觉得，今天中国对西方的了解，远远超过西方对中国的了解。今天在伦敦的中国留学生有五万多名，大家可以看看英国在中国的留学生加起来有多少。

很多中国留学生，在国内读书读得很好，但他们对中国并不是很了解。到了国外，去读书、去工作，也融入不到西方的核心体系中。他们对中国没有了解得很清楚，对西方也没有了解得很清楚，都在外围。他们享受了好的东西，但不明白怎样创建这些好的东西。

IBM、微软、GE之所以有今天，是因为有几代人的努力，而今天中国的企业才经历了一两代人。放眼全世界，领导者成功的因素无非就三点：眼光、胸怀和实力。

（本文为马云于2007年7月29日在阿里巴巴“五年陈”大会上的演讲的节选。）

拓展阅读：正式沟通与非正式沟通

按照现代企业管理理论，沟通形式可以分为正式沟通与非正式沟通。正式沟通指的是经过正式的规章制度及组织程序进行的沟通。非正式沟通则是在除此以外的其他各种渠道所进行的沟通。

正式沟通的主要方式有三种：

1. 书面报告

书面报告的沟通形式有四个优点：

（1）简单易行。

（2）表达的信息最为完整。

（3）成本比较低，成本集中在查资料和写报告等环节。

（4）当沟通人数和层级较多时，沟通比较快。

但这种沟通方式也存在三个缺点。

（1）沟通过程与报告的质量难以控制。

（2）时效性差，通常不会被立即答复。

（3）不适合联络感情。

2. 会议

这种沟通形式有利于领导者掌握各方面的信息，也能拉近上下级之间的距离。当参与沟通的人数较多时，各种形式的会议有利于集思广益、群策群力。但是会议沟通的操作成本高、沟通时间长。假如会议组织者表达能力不佳的话，反而会让参与沟通的各方激化矛盾。

3. 一对一面谈

面谈可以让沟通更加全面深入，尤其是针对个别员工的特殊情况的沟通，面谈可以保全他们的颜面或表示对他们的器重。不过，这种沟通形式非常消耗时间与成本，不适合与多人进行沟通。

总体来说，正式沟通的流程规范、严谨、利于保密、执行力强，但沟通形式比较刻板且速度慢。非正式沟通则灵活得多，而且成本低、时效快，但也存在信息可靠性不高、沟通结果难以确保执行等缺点。

高明的领导者无不重视非正式沟通，并以此展现个人魅力，树立自己在员工中的威信。

比如，有“世界第一CEO”之称的美国通用电气公司前总裁杰克·韦尔奇就十分重视非正式沟通。他在1987年向公司员工发表演说时指出：“我们已经通过学习明白了‘沟通’的本质。它不像这场演讲或录音谈话，它也不是一种报纸。真正的沟通是一种态度、一种环境，是所有流程的相互作用。它需要无数的直接沟通。它需要更多的倾听而不是侃侃而谈。它是一种持续的互动过程，目的在于创造共识。”

亲手向各级主管、普通员工甚至员工家属写便条，是杰克·韦尔奇每天必做的工作。便条内容通常是简单地询问下属的业务进展，或者表达关心之情，有时候还会顺便征求他们对公司决策的意见。虽然他的便条往往只是只言片语，但它跳过了通用电气的层层传递程序，直接发给沟通对象，一下子拉近了自己与员工的距离。

在杰克·韦尔奇看来，这种简便灵活的非正式沟通方式，比长篇大论的内部演讲更能激励人心。事实证明，他的想法没错。通用电气公司的员工纷纷把得到“韦尔奇的便条”视为一种特殊的荣誉，甚至有员工从传真机上找到他的手写便条作为收藏品。

对于人力资源管理而言，正式沟通是体，非正式沟通是用。没有正式沟通机制的公司，组织管理根本不规范。但缺乏非正式沟通渠道的公司，必定会沦为一潭死水。两种沟通形式相结合才是完整而有效的沟通机制。

第十一章

带领队伍：打造别人挖不走的团队

团队建设水平在很大程度上决定了一家公司的发展后劲。在这个年代，单打独斗已经很难成功，团队作战才是王道。而团队建设的任务主要是由各级领导来承担的。领导干部最重要的能力就是带队伍的能力。作为团队的主心骨，干部应当尊重每一位团队成员，保持和睦的队内人际关系，不断增强整个团队的凝聚力。

阿里巴巴在这个方面下了很多功夫。马云在多次内部讲话中告诫各级干部不要自以为了不起，要意识到功劳是团队带给自己的。他还主张不让团队中任何一个人掉队，以团结互助的精神实现团队成员的共同进步。阿里巴巴心目中的理想团队是唐僧式的团队，而领导干部应该像唐僧那样管好各式各样的员工。要做到这一点，领导干部在进行团队管理时必须树立强烈的使命感，并想办法把各个成员捏合在一起。

把功劳归于全团队的阿里巴巴组织文化

尽管大家都说团队合作很重要，但总会忍不住去细究团队各成员中最重要的人是谁。

论功行赏的时候，不评个首功出来就感觉不舒服。站在客观的角度，团队成员的贡献肯定是大小有别，绩效考核也必然要计算每个人的功劳，拉开功多者与功少者的奖励待遇差距。但从主观的角度说，首席功臣如果居功自傲，必定会在团队中种下滋生嫌隙的种子，导致团队在今后变得四分五裂。

功勋团队毁于争功问题的教训屡见不鲜，这也是保持团队合作精神的一大难点。阿里巴巴的应对方略是树立一种新的组织文化：从团队那里找成功原因，从自己身上找失败原因，永远把功劳归于团队。

马云说："我们永远要觉得成功是因为员工和团队，失败是因为我们自己。这个文化在阿里巴巴已经根深蒂固，这是我们的信仰。站在未来看，我今天讲的也许是错误的，但我仍然坚持我的信仰。我们不是完美的人，我们是有个性的人。"

每个人都不是完美无缺的，包括那些能力、品德、业绩三方面都突出的通才，也肯定存在某些缺点。团队存在的意义就是让一群不完美的人互相取长补短，组合成一个有机整体，以更高的效率来实现目标，各取所需。

退一万步来说，就算真有完美的全才，他的个人精力也是有限的，必须让同样擅长某个方面的队友来代替自己在该领域发力，自己才能集中力量在最擅长的方向寻求突破。这就是比较优势的原理，团队合作的另一重意义。

孤立的个人再厉害也做不了很多事，唯有借助团队的力量，才能超越每个成员的极限。所以，每个人的成功都离不开团队的支持，就算你是头号功臣，也不能否认那些在各个环节默默掩护你冲锋陷阵的幕后英雄做出的贡献。

马云在某次员工大会中说："加入阿里巴巴没有错。很多人觉得以前自己很能干，跑到阿里巴巴怎么变得不能干了？这就是你自己的原因了。改变世界的一定是你自己。如果你不能影响你的团队、领导和周围的部门，再有能力也是假的。所以，要开放思维，迎接挑战。"

作为带队伍的领导干部，必然要靠所有下属的共同努力来完成各项目标。团队表现不佳的原因很多，但主要责任还是在于领导者自己。

过分相信自己，轻视团队成员的力量；做事一意孤行，不听别人的忠告；害怕下属超过自己，故意限制他们的发展；不能跟其他成员保持良好沟通，无法与他们打成一片；习惯性推功诿过，好事自己独占，坏事丢给他人分担。这些不良作风都会影响团队的凝聚力，破坏性最大的是最后一条。

领导者如果不懂得与队友分享胜利果实，不懂得尊重他们的辛苦付出，没有为下属承担风险的责任感，没有挖掘下属潜力的使命感，就不可能得到团队成员的拥戴，也就无从建功立业。

因此，阿里巴巴倡导把功劳归于全团队的组织文化，避免每一位优秀的人才因自我膨胀而脱离群众，从团队功臣沦为阻碍大家共同进步的绊脚石。

尊重团队成员的性格差异

有这样一个故事：老板A向老板B抱怨自己手下有三个员工让人头痛。员工甲对所有的事都吹毛求疵，完美主义情结变态到令人发指。员工乙总是焦虑不安，看到一点小问题就担心会出现大乱子。员工丙自由散漫，总喜欢在上班时间溜出去闲逛。老板B当场决定要走了这三名员工，让甲负责质检工作，让乙负责安保工作，让丙去跑业务和拜访客户，公司运营效率很快有了提升……

这个故事告诉我们，不同岗位对员工的要求存在差异，每一种性格都可以找到用武之地。无论是作为人力资源管理者，还是团队主管，都应当尊重团队成员的性格差异。

马云对此有很深的感触。他在员工大会中说过："我们公司就像一个动物园，各种各样的人都有，有的人一分钟可以讲很多话，有的人五天不讲一句话。创业的时候，我们有个工程师，我问了他一个问题，他一声响也没有，不回答我。3个小时后，我都忘了问他什么了，他突然告诉我答案。这些人都很奇怪，各种用脑子思考的人组成了今天的阿里巴巴。我今天不可能用一句话说出阿里巴巴是用什么样的管理制度、什么样的价值体系发展到今天的，因为事实不会如此简单、机械。”

请注意“各种用脑子思考的人组成了今天的阿里巴巴”这句话，它描述了一个客观事实，反映出阿里巴巴企业文化的开放性和包容性。

人的性格类型多种多样，可以分为内向型和外向型，也可以分为九型人格，而MBTI职业性格测试则把人分为十六种不同的性格。

某些成功学理论总是说哪种性格的人容易成功，哪种性格的人容易失败。对于人力资源管理者来说，这是一个认识误区。

比如，大家通常认为外向型性格的人适合搞销售，但国际知名销售大师博恩·崔西指出：75%的顶尖销售人员在心理测试中被认为是个性内向者。如果按照常人的直觉来判断，说不定这些顶尖销售员早就被人力资源经理淘汰掉了。可见，仅仅从表面上的性格来判断一个人适合做什么工作、有多少发展潜力，是件不可靠的事。具有相同潜在才能和兴趣爱好的人，完全可能是不同性格的人。

尺有所短，寸有所长。任何一种性格都有自己的缺点与独特的优点，只要运用得好，就能扬长避短，组合出化腐朽为神奇的效果。

比如，有的员工沉默寡言，但注意力非常集中，富有钻研精神，可以让他们从事技术研发或其他需要深入思考的工作。他们不擅长社交，但不必求全责备。因为，团队本身就是由多种性格的人组成的。让擅长社交的人代表团队去拉外联，让有奇思妙想的人成为团队创新的主攻手，让思维缜密、善于调度的人来协调各成员的配合工作，这样才能把每个人的优势发挥得淋漓尽致。

阿里巴巴素来提倡以明星团队来代替英雄个人，不奢求有完美的员工，而追求打造完美的团队。所以，马云经常在公司里强调：“我们是一个团队，大家要互相开放、互相沟通，能在同一个公司里工作是很大的缘分。每个人的性格不一样，你可以不喜欢一个人，可以不和他成为很好的朋友，因为性格不一样，但是在这个团队里，大家是很好的同事。话说回来，老公、老婆之间还有很多看对方不舒服的地方，所以大家在一起要多沟通、多交流。”

性格不同的人，思维方式和行事作风往往有天壤之别。他们可能因为无法相互理解而心生隔阂，但也完全可能因为相互欣赏而结为亲密战友。

你不可能喜欢所有的人，也不可能让所有人都喜欢你。但通过沟通与交流，大家可以加深对彼此的了解，并在长期的分工合作中培养良好的默契。假如不能学会尊重与自己不同的人，那在事业上也注定走不了多远。

总之，我们应该尊重团队成员的性格差异，不可歧视某些特立独行的人，应该怀着包容的心态进行沟通。求同存异，和而不同，才能打造出五彩缤纷、团结友爱的理想团队。

发扬互助精神，不让团队中任何一个人掉队

团队合作在阿里巴巴的六大核心理念中排在第二位，大多数企业也会宣扬团队精神，但每个公司对团队精神的理解有不小的差别。

阿里巴巴对团队精神的诠释集中体现在马云的一段发言里："什么叫团队精神？有两个含义：一是平凡的人做不平凡的事情，二是不让队友失败。阿里巴巴的七个公司中，没有一公司可以失败。所以我想，协同是指我能为别人做些什么。"

按照常规的解释，团队精神就是大家精诚团结，一起走向成功。阿里巴巴却认为团队精神的关键是"不让队友失败"，这恰恰是很多企业忽略的地方。

无论团队合作的口号喊得如何响，多数员工还是觉得竞争比合作更重要。大家在形式上是同一团队的队友，私底下却钩心斗角、相互倾轧。当别人表现好过自己时心生妒忌，当别人不如自己时百般奚落，也许不至于落井下石，但肯定不会雪中送炭。总之一句话，他们每个人都不愿意去帮助别人。

这与真正的团队精神有天壤之别。因为，真正的团队会相互帮助，对每一位进展不顺的队友伸出援手，不让任何人掉队。

马云在《赢在中国》第二赛季商业实战第一场做评委时对选手们讲过一段话："要把5个都具有将来CEO特征的人拼在一起做一个团队是不容易的，因为每个人都是以自我为中心。所以我经常讲，把5个MBA捆在一起做事业很难成功，因为每一个人都想当CEO，每个人都有自己独特的观点，很少人愿意帮助别人。什么是团队呢？团队就是不要让团队中的任何一个人失败。什么是优秀的团队？不让任何一个队员掉队的就是最优秀的团队。"

团队讲究多人协同作战，每个人按照自己的位置与职能来与其他人进行配合。如果有人掉队，队形就会出现缺环，削弱整体大于局部之和的效力。如果每个人都以自我为中心，只想着把别人比下去而不愿意帮助别人，团队迟早会散伙。

因此，阿里巴巴要求每个管理干部都要帮助落后的员工成长，而不是嫌弃他们掉队。

马云曾经批评道："有时候，他们可能对下面的员工很生气，认为他们都是饭桶。我今天告诉大家，就算阿里巴巴给你的是饭桶，你也要把他们变成不是饭桶。3年以后，如果这帮人还是饭桶，那你也是饭桶，因为你没能把他们变成优秀的人。"

提高团队凝聚力的方法其实只有一条，那就是团结互助。所有团队成员都以欣赏的眼光看待队友，相互尊重，为表现好的队友点赞，不让任何一个人失败。大家同舟共济，相助如左右手，才能乘风破浪、扬帆万里。

阿里巴巴团队的九大精神中排第一的是"团队精神"，由此演化的六大核心理念改成了“团队合作”。两字之差在于后者突出了团队精神最重要的合作意识。假如员工们在遇到问题时缺乏互助的行动，就称不上是真正的团队合作。

总体来看，阿里巴巴互助精神与凝聚力在同行中处丁领先水平。这工是集团能不断屡创佳绩、超越自我的根本原因。

阿里链接：优势互补的唐僧团队

什么样的团队才是最好的团队，各大公司对此的认识大相径庭。在阿里巴巴看来，最好的团队就是唐僧师徒组成的西天取经团队。

2006年，马云在主题演讲《文化是企业的DNA》中谈道："我比较喜欢唐僧团队，而不喜欢刘备团队。因为刘备团队太完美，千年难得一见，而唐僧团队是非常普通的，但它是天下最好的创业团队。

"唐僧虽然没有什么非常特别的本事，但是意志异常地坚定，有很强的使命感。他西天取经，一定要取到真经才肯罢休，谁都改变不了，不该做的事情，他一定不会去做。

"而且唐僧是一个好领导，他知道孙悟空要管紧，所以要会念紧箍咒，否则孙悟空这种人他很有可能就会变成'野狗'。公司里面最爱的是这些人，最讨厌的也是这些人。另外，猪八戒也很重要，他是这个团队的润滑剂，你别看他很'反动'，但是他特幽默，没有笑脸的公司是很痛苦的公司。这四个人没有一个猪八戒，我都不知道这本小说怎么写下去。猪八戒小毛病多，但不会犯大错，偶尔批评批评就可以；至于沙僧，则需要经常鼓励一番。这样，一个明星团队就成形了。”

按照马云的定义，唐僧团队是由四种不同类型的人才组成的。

1. 唐僧型领导

唐僧型领导并不是个人能力突出的业务精英，甚至在很多方面都跟普通人一样平凡无奇。但他有两大长处：一是坚定不移地执行企业使命，凡事都围绕着公司的愿景目标来进行；二是懂得怎样与不同类型的人才相处，重用并严格管束能力超群但作风冲动的人，批评小毛病比较多的人，鼓励踏实肯干的人。

阿里巴巴高度重视企业文化价值观，希望公司上下能坚持“四项基本原则”，为三大愿景目标锲而不舍地努力。唐僧型领导在遇到九九八十一难时也不会动摇自己的企业使命，并且能把不同类型的人才整合在同一团队之中。

2. 孙悟空型员工

马云认为，孙悟空武功高强，品德也不错，唯一遗憾的是脾气暴躁。孙悟空型员工的业务能力极强，堪称团队的技术核心。没有他的话，整个团队的战斗力要下降两个层次。这种人事业心强，可以信赖，但性格冲动暴躁，不严格约束的话，就可能沦为业绩出色但轻视规则的“野狗”型员工。

作为互联网行业的一大领军企业，阿里巴巴非常重视技术创新与模式创新。孙悟空型员工拥有公司全体成员中最出色的创造力，是贯彻“拥抱变化”基本原则的主力军。所以，要用价值观与严明的纪律来约束他们，使之为团队发挥出最大的能量。

3. 猪八戒型员工

在马云看来，猪八戒虽然狡猾，小毛病很多，意志不坚定，动不动就嚷嚷着“散伙”，但他为团队生活带来了很多情趣，是团队必不可少的润滑剂。

阿里巴巴提倡“笑脸文化”与“快乐工作”的理念，希望为全体员工创造一个更温馨、轻松、活泼的工作氛围，以对抗互联网行业激烈竞争带来的巨大压力。猪八戒型员工的业务能力平平，干活也不卖力，但在贯彻这两个理念上最是得力，起到了其他成员无法替代的作用。所以，要想办法让他们成为团队气氛的调节者，为全体员工疏导压力。

4. 沙僧型员工

马云认为沙僧是个不讲人情和价值观，干完活儿就回家睡觉的人。这样的员工与猪八戒型员工恰好相反，踏实肯干，不偷奸耍滑，但过分实在，没有什么高远的理想。

阿里巴巴一直主张招聘认同企业价值观的员工，在培训时不断加强企业文化教育。沙僧型员工也不是不认同公司的文化价值观，只是更在乎做实际工作，不太考虑虚的东西。所以，他们需要唐僧型领导来指引方向，需要孙悟空型的业务尖子来突破事业难关，需要猪八戒型员工来丰富沉闷的生活节奏。

以上四类人才各有所长也各有明显的缺点，单独拿出来的话，都不足以成就大事。但四者组合在一起时，彼此的优点弥补了各自的短处，形成了一个集坚定信念、过硬能力、活跃氛围、超高效率的明星团队。阿里巴巴涉足多元化业务，但组建团队时往往注意搭配不同性格和能力特点的人才，尽量朝唐僧团队的方向努力，以求实现各类人才的最优配置。

拓展阅读：是你的团队能干

我想告诉大家，虽然阿里巴巴是一家制度不完善的公司，但我相信我们一定有很多出色的、好的东西，如果没有好的东西，我们不可能走到今天。阿里巴巴经历8年的磨难，百折不挠，一定有很多独特的东西。

对于企业来说，新人带来了新的思想，怎样适应新思想的冲击？关键在于你是不是能拥抱新的文化。拿阿里巴巴来说，第一，我们从十几个人发展到今天的7 000个人，我们一定会拥抱新的文化，如果不拥抱，我们今天还是十几个人，我们已经拥抱了将近7 000人。第二，阿里巴巴的土壤不是沙漠，我们的土壤中已经长出了各种各样的树，很多都是从外面移植进来的。

外面的人进来以后，要去适应这块土壤，而不能让这块土壤去适应他。能干的人到美国以后往往会成为出色的人，因为他会想尽一切办法改变自己，去适应美国的土壤。领导者、成功者都是善于改变自己去适应环境的，就像生存能力强的动物能很好地适应环境一样。

在宣布阿里巴巴B2B要上市的第二天下午，我们召开了阿里巴巴“五年陈”员工大会。这些员工，绝大部分身家都上百万、上千万。我跟他们说，我们这帮人，怎么看都不像那么有钱，千万不要认为自己是阿里巴巴“五年陈”的员工，就了不得了。

阿里巴巴创立的时候，大街上只要走路不太瘸的人，几乎都被我们招进来了。今天新进来的人一定比他们聪明，比他们能干，比他们勤奋。而且，这5年能留下来，不是因为他们厉害，而是因为他们没有地方可去。能干的人被猎头公司挖去了，聪明的人自己干去了，只有傻的人留在公司，结果傻的人都成功了，而被猎头挖去的或者自己创业的，我今天怎么找都找不到一个成功的。

有人加入了我们竞争对手的公司，后来又想回到阿里巴巴，我想我是不会让他回来的。也许我有些自私，他在我们最痛苦的时候加入竞争者的公司，跟我们打，最后我们赢了，他说对不起，我想回来。即使别人可以原谅你，你自己也不能原谅自己，有些错误是不能犯的。

所以，绝大部分在阿里巴巴干了5年到8年的人，不是因为能干，不是因为聪明，也不一定是因为真的厉害。我们只是相信这个团队，我们认为电子商务这件事情可以做，所以就坚持做下去，熬了五六年。

大家不要觉得电子商务已经做得差不多了，据我判断，电子商务至少还能做20年的时间，5年以后才是中国电子商务的辉煌时期。

领导要善于沟通，要把真实的东西告诉员工。你找员工谈话，先表扬一下，再批评，一看他不是很高兴，你又表扬一下，他出去以后，不知道你是表扬还是批评。下次你还是这样，结果两个人火气越来越大，形成恶性循环。

其实不是因为我厉害，而是因为阿里巴巴给我戴了光环，阿里巴巴的业绩、阿里巴巴的团队使得我出去讲话人家会听。我们一定要懂这个道理，说你能干，不是你真的能干，而是你的团队，你以前的团队、今天的团队能干。

武功高强的人都深藏不露，一旦暴露，人家就会防你。等人家防你，知道你很聪明、很厉害的时候，你的武功基本上就没用了。

……

真心感谢大家加入阿里巴巴，一起来建造我们的梦想。8年前，我们手头连把镰刀都没有，今天我们手上有东西了，你们要比8年前的18个创始人聪明得多、能干得多。你们如果不能成功，不要怪别人，要怪你们自己。

来吧，大家一起干吧！人家傻干了8年，我们也一起干几年。我们一直干，一直挖，就算挖不到油，也可以挖到水。我们只有把自己放低，将来才能跳得更高！

（本文为马云于2007年8月27日在阿里巴巴内部管理者培训“湖畔学院”的讲话的节选。）

第十二章

挽留人才：用广阔的舞台留住优秀者的心

再优秀的企业也有主动辞职的顶尖人才，那些普普通通的企业更是有员工不断跳槽。没有哪个公司的员工流动率是零，保持适度的员工流动率有助于提高公司的活力，但员工流动率过高则会损害企业的根基。所以，离职管理也是人力资源管理不可忽略的重要环节。如果公司能在这方面做好，就能挽留更多人才，减少不必要的人力资源流失。

马云曾在演讲中说过，阿里巴巴不给任何员工做关于成功的承诺，因为成功不是公司给员工的，而是每一位员工自己争取的。但阿里巴巴对挽留人才一事非常上心，可谓绞尽脑汁。在并购雅虎中国之后，阿里巴巴安顿了大量前雅虎员工，创造了“留人四宝”等办法。阿里巴巴还采取了双轨道的职业生涯规划，通过扩宽各类人才在公司里的发展前途来挽留宝贵的人才资源。

减少离职带来的负面影响

判断一个企业是否有发展前途，其中一个办法就是看该企业能否留住人才。留得住人才的公司，哪怕公司很小，也迟早会发展壮大。留不住人才的公司，就算现在是世界500强，也迟早会被其他竞争对手取而代之。

就目前而言，我国劳动者的流动性越来越大，企业越来越难以挽留住人才。原因是多方面的，其中一个就是轻视离职管理。

员工离职是每个企业都要经常面对的情况，尤其是我国，劳动力富余，每年新增岗位不足跟新增待业人口一一对应，大多数公司都不是很在意离职管理问题，总觉得马上能从人力资源市场招聘到新的人。这种观念在过去的粗放型增长模式下还能行得通，但未必适合今天的市场形势。因为，优秀的专业人才永远是稀缺资源，人才梯队的质量远比数量更重要。一个精锐人才的离职，有可能会导致整个团队的战斗力迅速下滑。如果该团队掌握的是核心业务，公司受到的影响会更加明显。

企业人力资源管理中最主要的危机就是员工大量流失，特别是核心员工突然离职。由此造成的直接损失包括离职管理成本、寻找替代者的招聘成本、培训新招员工的成本、新员工能力达不到原核心员工水准的成本，以及新员工工作失误带来的补偿成本。由此造成的间接损失更是难以估量，甚至可能迫使公司彻底改变当前的发展方向，丧失原有的核心竞争力。

因此，人力资源管理部门必须高度重视离职管理工作，预防公司出现人才流失过于频繁的恶果。当然，抓好离职管理不等于阻止正常的员工流动，把少数员工的正常离职也视为洪水猛兽。

在2014年的一次宴会中，有人问马云：阿里巴巴上市后有不少持股员工都财务自由了，公司会怎样看待人才流失问题?

马云笑道："好的公司一定要进来困难出去容易，否则进来容易出去困难，那就是监狱了。"接着，他又请时任首席人才官的彭蕾来回答这个问题。

彭蕾说："阿里是一个简单的公司，公司的价值观不会因为上市而有所改变，我做HR这么多年，公司的人来来去去很正常。如果员工认同公司的价值观，在公司做得开心，自然会留下；反之如果不认可，在公司不开心的话，离开是更好的选择，留下反而对个人和公司都不好。"

合则留，不合则去，顺其自然，各得其宜，这就是阿里巴巴的离职管理原则。阿里巴巴的自信主要来自两个方面：

第一，争做全球最佳雇主的愿景目标与倡导"快乐工作"的企业文化。

阿里巴巴十分强调员工对价值观的认同感，不认同公司价值观的员工都可以离职。而对于那些认同企业使命和喜欢公司氛围的员工，阿里巴巴则通过多方面的物质、精神激励措施来保障他们的安全感与归属感。通过这些举措，主动离职的员工往往是那些已经不能满足公司岗位需求的人，不会对阿里巴巴的核心业务产生致命一击。

第二，重视团队建设和人才梯队的培养。

马云指出："被挖走一两个人，会不会对团队产生影响？会，但是不会影响到大局。因为经过这么多年的配合，我们每个人都像螺丝钉一样将各个部门牢固地拼接成一个团队。面对这样一个团队，挖一个普通员工或干部去有什么用呢？"

阿里巴巴有很多核心员工，但更多的是靠核心团队来作战，并不过分依赖个别天才。完善的人才梯队建设，也使得每个部门或团队不会因为员工的离职而造成人才的缺口，也不至于造成整个团队的停摆。

通过这两个方面的努力，阿里巴巴从源头上堵住了出现大面积人才流失的可能性，大大提高了组织结构的稳定性。正因为如此，阿里巴巴才能在离职管理上做得更加从容，不至于陷入终日惴惴不安的恐惧。阿里巴巴的人才流失率低于10%，其中淘宝网的流失率只有3%。这比互联网行业的平均人才流失率要低很多，公司的离职管理效果十分显著。

由此可见，想要抓好离职管理工作，最根本的还是充实公司的人力资源储备，并提高现有员工的安全感与归属感。如果不从源头上解决问题，只是一味地阻拦员工提交辞呈，再财大气粗的百年老店也无法阻止人才流失的趋势。

合理控制员工流动率

俗话说："铁打的营盘，流水的兵。"一个企业的招牌可能会保持几十年甚至上百年，但其人员构成肯定不会一直保持最初的样子。当企业发展到一定阶段时，最早一批员工会对公司的未来持不同看法，分歧多了就会有一批人离开。

马云说："员工辞职原因林林总总，只有两种最真实：一是钱没给到位，二是心受委屈了。这些归根到底一条干的不爽。这些员工走的时候还费尽心思找靠谱的理由，为的就是给你留面子，不想说出你的管理有多烂，他对你已经失望透顶。仔细想想，真是人性本善。作为管理者，定要乐于反思。"

公司招募一批新人补充各岗位的人力资源缺口，经过一段时间后，有些人融入了公司环境，扎根下来，有些人可能由于种种原因而无法融入单位，只能选择离开。于是，企业又进入新一轮的招聘与筛选，以求保持公司核心部位及团队都有人才可用。

经过一轮又一轮的人员更选，公司的人力资源结构自然与最初的模样大相径庭。从这个意义上说，员工流动就像细胞的新陈代谢，是公司发展的必经之路，也是公司优化人才梯队结构的原动力。

但是，员工流动率过高的话，就意味着公司留不住人才。这又对企业发展起到了阻碍作用，有时候甚至会出现釜底抽薪的后果。

我们常说一个企业有多少客户资源，实际上是把该企业全体员工手中掌握的客户资源加在一起来计算的。做决策的是公司高层，但具体办事的是基层员工。很多客户对某个企业的了解，主要来源于具体负责接待自己的该公司员工。从这个意义上讲，客户是看在这名员工的分上选择与公司交易的。如果自己熟悉的员工离职到别的公司，客户有时也会随之改变原有的消费偏好，继续照顾对方的生意。

也就是说，员工流动有时候不光意味着人才流失，还将导致客户资源的外流。所以公司必须把员工流动率控制在一个合理的范围，既能促进企业的新陈代谢，又不至于造成严重的人才和客户资源的双流失现象。

要做到这点，就应该区别对待申请离职的员工。对公司发展影响不大或者实在难以继续合作的，就痛快放人；对公司发展非常重要且还能继续合作的，要以优厚的条件千方百计地留住他们。

阿里巴巴前首席人才官彭蕾对这个问题的态度就很有代表性。她说："有些人，如果他在公司时间已经很久了，他也很累了，能力也到一定瓶颈了，他现在也有那么多钱了，决定离开，我觉得应该为他们高兴，公司和他互相都有了个交代。另外，还有一些人是有能力、有潜力的，这些人我们要想方设法留住，怎么留呢？除了利益，我觉得还是要用事业留人，他不能觉得阿里巴巴已经到一个巅峰了，他也没什么事可干了，其实我们还有很多很多事情，今天阿里巴巴的蓝图也是刚展开。"

就事论事，一个人在一个公司工作了很长时间后，的确会产生精神上的疲倦感。事业有成，提升空间不大，家境富裕，不像创业初期那样激情十足。想换个新环境或者急流勇退，也属于正常想法。

尽管他们曾经劳苦功高，但已经没有了奋斗的动力，能力也发挥到了极限。就算继续留下来，对公司的发展也没有多少帮助。这样的人才就无须强行挽留，好聚好散，爽快放行，才是两两相便的办法。这不是卸磨杀驴，反而是富有人情味的举措。

对于那些还有成长空间的人才，阿里巴巴则极力挽留。这类人才在公司任职多年，熟悉业务与价值观。培养出一个足以替代他们的新人，需要花费很多时间和成本。对于人力资源管理部门来说，留住这笔还能发挥余热的人才资源，远比重新招募及培训一批发展前途不明的新人要划算得多。

通过区别对待的办法，人力资源管理部门可以把员工流动率控制在对公司更有利的水平。一方面，那些无心也无力再为公司做贡献的老员工离职后，可以为其他新老员工腾出一些重要岗位，激励留下来的人才努力上进。另一方面，公司留住了自己最需要的老员工，减少了无谓的人才及客户资源流失；而那些老员工也获得了更好的待遇与新的发展目标，实现了组织与个人的双赢。

总之，员工流动率不是洪水猛兽，也不是可以忽略的小事，只要能将其控制在合理的范围，就能为公司发展带来新的助力。

人才梯队建设的关键点

不少新球迷认为那些经常拿冠军的足球豪门俱乐部靠的是砸钱买大牌球星。虽然这是原因之一，但不是主要原因，要知道大牌球星在不适合自己的俱乐部里也照样会水土不服，无法发挥作用。冠军豪门俱乐部真正的立足之本不是那些从外面空降来的大牌球星，而是通过组建各年龄段的后备军梯队来储备人才，用造血机制来维持自己的发展后劲。

足球俱乐部也是一种特殊的企业，其人才梯队建设办法对其他类型企业也不无借鉴意义。

阿里巴巴立志要做102年的企业。这意味着马云这一代高层管理者和员工在几十年后全部退出历史舞台，集团里所有大大小小的岗位都由现在刚出生甚至还没出生的人来接任。他们能否把第一代创始人心中的远大目标贯彻到底，还是未知数。不过，可以肯定的是，只要阿里巴巴重视人才梯队建设，就有希望实现薪火相传。

其实，当一个公司发展到5年以上时，人才梯队建设问题就迫在眉睫了。马云曾在一次会议中指出："以前我们有大量的资源、精力，特别是人才聚集在这里，但今天我们面临的状况是人才资源短缺，我们没有办法，我们必须四处抢占这样的市场，我们对未来的市场要有战略布局。我们今天的营业额的压力远远超过5年前、7年前，但是人才资源的配备已经不如以前了，因为我们的新人和年轻人越来越多。每个年轻人都说，要是给我一次机会，我一定能让阿里巴巴迈上新台阶。好，现在你们要的机会来了。前天我发出通知，目前B2B向外部公司的调动一律停止。在未来5个月内，我们会冻结所有B2B人才向外的调动，哪怕是普通员工的调离，也必须由集团CEO批准。”

由于阿里巴巴集团扩张速度极快，精兵良将被调到各个新项目上，人才资源变得捉襟见肘。为此，马云不得不停止向外调动B2B人才，以确保核心业务有充足的百战老兵可用。

集团各事业群组的领导者最初都是在一个团队里并肩作战。随着公司规模的扩大，他们作为火种被拆散开来，成为各个团队、部门、子公司的主管。他们原先的位置由后进来的优秀员工顶上去……人才梯队就是按照这个节奏进行新陈代谢的。假如有某个层级出现人才短缺，相关的岗位、部门、子公司就会面临青黄不接的困境。因此，公司应该尽早建设人才梯队，以免在关键环节出现过多的人才缺口。

通常而言，一个企业的人才梯队资源库主要包括以下几个方面：

1. 关键岗位的人才梯队

关键岗位指的是对维护公司正常运营与未来发展有重大影响的各类岗位，涵盖了领导、销售、技术、财务、人事、行政等各类工作。这些不同类型的关键岗位组成了公司的“龙骨”，只要“龙骨”稳定，公司就不会在惊涛骇浪中散架。公司应对所有的关键岗位预先选拔候选继任人进行重点培养。

2. 管理岗位的人才梯队

管理岗位指的是集团旗下各个团队、部门、子公司的负责人。企业组织的发展后劲在很大程度上要看管理干部队伍的“板凳厚度”。当原先的负责人升职或离职后，升格为主力队员的替补队员的能力就成了维系组织生命力和战斗力的关键。为了避免各子公司及部门缺乏新的负责人，公司应该及早制订接班人计划，让新老交替过程变得更为波澜不惊。

3. 其他岗位的后备人才梯队

其他岗位看起来不像关键岗位与管理岗位那么重要，但这些岗位恰恰是前两类岗位人才梯队的蓄水池。一般来说，关键岗位与管理岗位的人才梯队都是由入职多年的资深员工组成的，其他岗位的后备人才梯队平均年龄要年轻得多。那些还没有进入前两类岗位继任计划的优秀人才，无论是从事哪个岗位，都可以放入后备人才梯队中。公司应根据他们的不同特长有针对性地进行培养，然后在合适的时候择优增补进前两个梯队。

最后，如果继任人太多就会让人才梯队过于臃肿，起不到择优培养的激励作用。继任人太少则会缩小选择的余地，不利于提拔有潜力的员工。所以，人才梯队资源库的建设通常遵循1：3的比例，每个岗位储备三个候选继任人。而且最终没能继任的候选人也应该将其调到其他同级或更高一级的重要岗位上，以表示公司对他们的器重。

阿里链接：双轨道升职路线

员工为公司效力的一个基本目的是实现自我价值，包括提高经济收入，提升社会地位和业内名望，等等。无论哪个岗位上的员工，都希望能升职加薪得表扬。

按照常规的管理方法，公司会提拔业绩考核优异的员工当管理干部，以便发挥其业务骨干作用，并激励其他员工力争上游。但在人力资源管理实践中，这种激励措施不一定都能起到积极作用。有时候，反而会让该员工的长处无力施展，短处充分暴露。

在现代企业中，人力资源主要分为专业技术人才与管理人才两大类型。专业技术人才不光是搞产品研发的工程师，非管理职务的销售人员、客服人员等也属于这种类型。管理人才顾名思义，就是协调和指挥各部门团队分工合作的领导者。只有两大类人才“配置齐全”时，公司才能得到长足的发展。

每个人的资质、性格、兴趣、潜质有很大差异，并不是所有的专业技术人才都适合提拔到管理岗位上，用单一的业绩考核指标来考察管理人才，可能会错过其真正的实力。

对此，阿里巴巴设计员工职业生涯规划时采取了“管理线”（management）与“学术线”（professional）并存的双轨道机制。

如果一名员工的业绩突出，又有做管理干部的潜质，通常是沿着管理线来升职。随着功劳的积累，他将依次升级为head（首长）、manager（经理）、director（主管）、VP（副总裁）、senior VP（高级副总裁）、CEO（执行总裁）。

而那些拥有一技之长但又不适合做管理工作的员工，比如技术研发、管理咨询、业务研究等领域的员工，阿里巴巴提供的升迁路线就复杂多了，分为勇士、骑士、侠客、英雄、大师、首领。

按照规定，新员工转正后获得勇士资格，3—6个月后视情况升为骑士、侠客。继续晋升就获得英雄等级，但英雄内又细分为A、B、C三等。再往后依次晋升为大师和最高级的首领。

这些不同的等级有点类似部队的军衔，同一军衔的管理人才与专业学术人才地位相当，但分工差异极大。一般公司的员工职业生涯规划路线比较单一，利于提拔常规型的管理人才，而不利于专精一域的各类专业人才升迁。久而久之，其他类型的专业人才就无法得到有效激励，从而萌生退意，导致公司人才团队结构走向失衡。

在如今的阿里巴巴高层中，有不少能人就得益于这种别具一格的双轨晋升机制。

阿里巴巴集团首席人才官兼菜鸟网络董事长童文红在阿里巴巴的第一个职务是前台。她来求职时已经30多岁，并无多少专业背景，没什么竞争优势。但童文红在接下来的一年中兢兢业业、办事周密，深得时任首席人才官彭蕾赏识。彭蕾破格提拔她为行政部主管，童文红起初有些犹豫，但在彭蕾的鼓励下接下了这副担子。此后，童文红先后在阿里巴巴集团的行政、客服、人力资源等部门从事管理工作，一步一步升迁到菜鸟网络董事长。

现在的童文红不仅完成了从前台小妹到亿万富豪的华丽转身，后来又入围了阿里巴巴上市后的27位合伙人名单（现已增加至30人）。

阿里巴巴CTO（首席技术官）王坚是一名优秀的技术工程师，有着超前的理念，但不善于表达和管理。据说负责阿里巴巴云计算业务的他曾经在员工大会上做演讲，许多场下的员工听到一半就呼呼大睡。后来王坚辞去了阿里云总裁的管理职务，专注于集团首席技术官的工作。

假如阿里巴巴没有“学术线”这个晋升机制的话，像首席技术官王坚与曾鸣教授这样的专业学术型人才恐怕很难达到现在这样的地位。阿里巴巴将会失去不少特殊的优秀人才。

阿里巴巴是一个提倡“拥抱变化”的公司，为了避免大型组织常见的僵化低效等体制弊端（俗称“大企业病”），公司高层始终在不断调整组织结构。推行这套人才机制，就是为了尽可能地让各类稀奇古怪的偏才都能得到充分的发展。正因如此，阿里巴巴才能留住各类人才的心，才能促进公司团队的全面健康发展。

拓展阅读：要有持久的心态

我们18个人当初在湖畔花园的时候，每个人签一张纸，总共凑了50万元，没有人知道以后会怎么样。我说这张纸交给你外婆，锁在抽屉里，忘记它。我们都知道，做互联网公司，10 000家里可能有9 999家最后会死亡，只有万分之一的机会能走得长久。最后，我们走出来了。

我那时候说，大家是否喜欢我们的工作氛围，是否对我们今天所做的事情感到开心。是否对自己每天通过努力得到的工资和奖金感到满意？如果对这些都感觉不错的话，你应该把自己的股票拿一点点出来，买个车、买个房，其他的你就留给你的儿子、女儿、孙子，让他们传下去。

我真的不希望看到“五年陈”员工有暴发户的心态。我想跟大家说，如果你们有三四百万、两三千万的收入，想凭这点钱去做投资？你去看看中国有几家公司的股票、业绩和团队激情能跟阿里巴巴比？从组织结构、价值观、使命、团队、行业来看，你很少能再找到一个像阿里巴巴这样的公司。你把几百万元投资给其他公司，结果可能会很惨，这是你没有办法控制的，只有自己的公司才是最好的。阿里巴巴公司的股票是最好的，而阿里巴巴公司的控制权是掌握在你们手上的。你们记住，你们可以影响到其他几千名员工。

在三五年前，阿里巴巴的18个创始人如果把股票卖给孙正义，卖给所有的股东，我们早就不用干活儿了。你们感觉得出来他们是创始人吗？他们的努力并不比任何员工少，这些东西感染着他们，而你们的努力又感染着新员工，这样大家都会对公司有信心。

我怕大家变成暴发户，一旦产生暴发户的心态，就会把钱投到其他公司，然后贬值。这样的心态不好，也会使生活乱套。今天让我投资股票，我就会在全世界的公司中选择阿里巴巴，因为我知道我们能掌握它的未来。其他公司就是炒概念，涨得高，掉得也多。对于股市，我不敢说自己是个专家，但是我坚定地相信，我比公司里大多数人都懂。

我不希望看到有些人在公司里说：拜拜，你们继续努力吧，我去享福了。这种只想着享清福的人，我很少看到有成功的。阿里巴巴很讲究团队合作，你离开了，要再去找这样一个团队很难。

最近有人给我写了一封信，这人离开阿里巴巴了，加入了竞争对手那边。他说本来他以为那也是一个很好的互联网公司，但没想到里面乌烟瘴气的，所以特别怀念阿里、怀念淘宝，问能不能再回来。很难了，我觉得对于加入对手那边的人，阿里巴巴永远不会欢迎。

想想看，你的同事加入了对手那边，看形势不好又回来了，这是放出什么信号？如果对方打败了我们，那个人还会回来吗？不会的。所以，我想告诉大家，如果别人尤其是竞争对手来挖你，觉得你是从阿里巴巴出来的，对你的期望值非常高，你自己应该知道这是整个团队带给你的。所以，如果对方真要挖，那你把我也一起带过去算了。

被挖走一两个人，会不会对团队产生影响？会，但是不会影响到大局。因为经过这么多年的配合，我们每个人都像螺丝钉一样将各个部门牢固地拼接成一个团队。面对这样一个团队，挖一个普通的员工或干部去有什么用呢？

讲到公司的价值观考核，有没有人说特别喜欢考核？我相信没有。但是有一点我要告诉你，如果你被考核了5年，突然不被考核了，那你也会感觉很痛苦。如果你在这个公司里待了5年，突然发现团队里变得尔虞我诈，没有纪律约束，你会沮丧到极点。我觉得虽然我们的空气并不纯净，但是比绝大多数公司的空气纯净多了。所以，我希望大家维护好这家公司，这是我们要共同生存、发展100多年的环境。

你们去数一数上世纪（20世纪）80年代有多少万元户，有多少能坚持到现在的。那个时代的万元户是不得了的，我在1988年参加工作的时候，工资是89块钱。我们这些人中，现在有很多人认为自己拥有很多财富了，但这点财富不够让你们这辈子活得开心，也不能保证你们的子孙后代衣食无忧。我告诉大家，中国至少有60万家进出口企业，而我们才做了3万家，还有57万家，而且进出口企业的数量还在不断增长。我们离富有还太遥远，我们还有很长的路要走。当一个人自认为很富有的时候，他可能就开始走下坡陆路了。

中国的B2B垂直网站会迅速发展起来。B2B是一个产业链，是不可能靠单枪匹马发展起来的，因为首先会有人才的竞争，然后是规模的竞争和资本市场的竞争。经过这些竞争，很少有垂直网站能活下来。如果有很多人请你去其他地方发展，我并不阻碍大家，这是大家的权利。

（本文为马云于2007年7月29日在阿里巴巴“五年陈”大会上的演讲的节选。）

附录“阿里巴巴上门服务”学生实习标准手册

一、标准工作流程

（一）在明确自己即将上门实习的企业后

1. 上网（阿里巴巴等）查找该企业的资料，对公司概况、产品、服务、组织结构等进行初步的了解。

2. 上网查询该公司主营产品、服务的资料，对公司产品、服务有更全面的认识。

3. 查询该公司的详细地址，以及上门路线、路程。

4. 在对企业有了初步的了解后，与该企业负责接待上门的人员电话联系，至少确认以下事项：

（1）告知企业，自己上门的目的和工作范围。

（2）告知企业，自己上门的确切时间（几月几日几点到该企业）。

（3）与企业确认自己上门当天的接待人员。

（4）向企业核实详细地址，并咨询乘车路线、时间。

5. 根据企业的电子商务现状，制订详细的上门实习计划。

（二）到达实习企业后

1. 与企业负责人详细解释《学生上门确认书》，并双方签字。

2. 向企业负责人详细了解公司和产品情况。

3. 通过给企业负责人良好的第一印象，为自己接下来的工作打开局面。

（三）实习进程中

1. 按照上门的基本要求和老师的指导开展实习。

2. 上门突发事件处理详见“突发事件处理办法”。

（四）实习结束时

1. 督促企业负责人填写《企业反馈表》（根据企业反馈表颁发实习鉴定，并纳入考核项目），地址：http://survey.china.alibaba.com/index.php？sid=367。

2. 认真填写《学生反馈表》：http://survey.china.alibaba.com/index.php？sid=368。

3. 告知企业负责人修改诚信通密码。

二、实习基本要求

1. 严格保守实习企业的商业机密。

2. 上班时间只允许处理公司的业务，非紧急时不允许处理私人事务（电话、邮件或来访等）。

3. 神态自然，面带微笑，对所有人员均用标准礼仪致意，用语文明、礼貌、规范。

4. 遵守公司规章制度，并按照规定标准程序工作或操作。

5. 不在工作和间歇时间喝酒或饮用含有酒精的饮料。

6. 为保证在工作中的充沛精力，应该有良好的作息规律。

7. 在任何时候，均应诚恳地接受公司批评，不得与之发生任何口角和争辩。

8. 服从管理人员的调配，未经领导批准，不得以任何借口中止或擅离工作岗位。

9. 爱护公司的一切财物，不得以任何借口浪费和损害，发生损害要尽快通知上级。

10. 了解紧急情况下自己的职责，当需要帮助时，应尽快通知上级。

11. 与同事相互尊重，主动沟通，并在任何时候、任何场所讲究团结协作精神。

12. 必须保持面容整洁、着装得体，与企业文化氛围保持一致。

13. 必须佩戴阿里巴巴上岗证、着规定制服（如果有）、佩戴员工牌（如果有）上岗。

三、学生参加实习的注意事项

1. 实习期间，实习学员必须严格遵守实习单位的相关规章制度，因主观恶意给实习单位带来相关损失的，由实习学员自行负责。

2. 实习期间，实习学员无论是在公司，还是在从住所往返公司的途中，都应严格遵守交通法规和其他社会道德规范，否则，不良后果自负。

3. 实习期间，实习学员要提高自我保护意识，因自己的主观疏忽大意造成的人身、财产及其他损失损害，由实习学员自行负责。

4. 参加本次实习，完全是实习学员自己在对实习可能遇到的困难和风险做出必要估计的基础上，做出的体现自己主观意愿的决定。

5. 对于参加本次实习，实习学员必须事先和家长做过充分沟通并且得到家长的理解和支持。

四、学生实习标准工作内容

1. 阿里巴巴的基本介绍：

（1）播放阿里巴巴最新资料片。

（2）阿里巴巴中文站的整体介绍。

（3）阿里巴巴集团其他产品的初步介绍。

2. 基本网络贸易障碍和疑问的排除：

（1）解决企业出现的基础网络贸易障碍，如找不到密码等。

（2）解答企业关于基础网络贸易的疑问，必要时可咨询阿里巴巴客服。

3. 企业商铺的完善：

（1）依照服务规范完善企业的公司介绍。

（2）通过商铺的外观设置、橱窗布置等提升企业商铺质量。

（3）更新、完善会员资料和诚信通档案。

4. 商业信息的发布包括商业信息的新发、重发和优化。

5. 有效的商机管理：

（1）管理企业网络商业往来。

（2）主动找买家，通过阿里旺旺洽谈。

（3）通过阿里旺旺接待客户询盘。

6. 基础网站工具的介绍和使用：

（1）介绍支付宝，并依据企业的实际情况开展网上支付。

（2）介绍竞价，并结合企业的实际情况开展竞价活动。

（3）介绍网络安全常识，完善企业的网络安全措施。

（4）社区的使用，包括论坛、博客等。

7. 开展初级的网络营销：

（1）用中文站每月不同的活动进行增值营销。

（2）运用网上贸易常识和技巧开展贸易活动。

五、突发事件处理（预防）办法

1. 在发生危急情况（如火灾），造成财产或人身伤害时，立即拨打报警电话。

2. 当自己的人身安全可能或已经受到威胁时，立即联系带队老师。

3. 当找不到企业或者迷路时，立即联系带队老师。

4. 当企业拒绝安排实习时，立即联系带队老师。

5. 当企业不予安排食宿时，可暂停实习，联系带队老师。

6. 确保手机充电、充值，手抄老师电话，与带队老师保持联系。

7. 有关阿里巴巴操作技能问题，可拨打客服电话：0571—85027110。

8. 当企业要求提前结束实习时，可暂停实习，联系带队老师。

·陈 伟·

商业畅销书作家，企业管理顾问，互联网领域的实践派。对电商和金融体系有着深入的认识和研究，长期致力于企业管理创新和管理提升。他的作品多被企业选定为内部培训教材，重印数十次，为千万读者提供了通俗易懂的阅读信息和新鲜的科技资讯。

阿里巴巴人力资源管理

责任编辑：蒋丽华　　见习编辑：顾　熙
装帧设计：润和佳艺　　策　　划：花　火

微信公众号：阅读醉时光　投稿邮箱：zhushibook@163.com